WO JIA YOU GE

LAN YANG YANG

我家有个
"懒羊羊"

聪明妈妈教育顽皮宝宝的
54个故事和道理

尤红玲

舒 湖 ◎ 编著

54个原创"亲子故事"
家长拿来就用的"教具"
孩子听了就爱的"玩具"

印刷工业出版社

图书在版编目(CIP)数据

我家有个懒羊羊/尤红玲,舒湖编著. 北京:印刷工业出版社,2011.5

ISBN 978-7-5142-0098-0

Ⅰ.我… Ⅱ.尤… Ⅲ.学前儿童-家庭教育 Ⅳ.G78

中国版本图书馆 CIP 数据核字(2011)第 069141 号

我家有个懒羊羊

编　　著:尤红玲　舒　湖

责任编辑:郭　平　　　　　　责任校对:岳智勇

责任印制:张利君　　　　　　责任设计:张　羽

出版发行:印刷工业出版社(北京市翠微路2号　邮编:100036)

网　　址:www.keyin.cn　　www.pprint.cn

网　　店://shop36885379.taobao.com

经　　销:各地新华书店

印　　刷:江苏海信印务有限公司

开　　本:787mm×1092mm　1/16

字　　数:200 千字

印　　张:13.25

印　　次:2012 年 3 月第 1 版　2012 年 3 月第 1 次印刷

定　　价:24.80 元

ISBN:978-7-5142-0098-0

◆如发现印装质量问题请与我社发行部联系。　发行部电话:010-88275602。

前　言

谁是咱家的喜羊羊？

我。

谁是咱家的美羊羊？

妈妈。

谁是咱家的沸羊羊？

爸爸。

那么，谁是咱家的懒羊羊呢？

……不知道。

　　这是我与儿子的一段对话，他用自己喜欢的卡通形象描绘出了自己的家。在他的心里，妈妈是美丽的，爸爸是强壮的，而自己是个小超人，绝不会是那个总出洋相的懒羊羊。但说实话，在我心里，儿子就是那个麻烦不断却又讨人喜爱的懒羊羊。

　　和懒羊羊一样，儿子常常耍赖皮，甚至威胁我说："你不抱我，我就尿裤裤。"他也很磨人，常用水汪汪的眼睛看着我说："求求你了爸爸，让我玩一会儿电脑吧。"不过和懒羊羊相反，儿子不好好吃饭，我要把面条形容成迷宫，一边讲迷宫的故事一边喂他，他才肯吃；儿子不肯按时睡觉，我要用看《喜羊羊与灰太狼》作为奖励，他才肯睡……

　　和大多数家长一样，我也习惯于跳过"他还是个孩子"的事实，相信"三岁看大，五岁看老"这句俗话，总是从一些生活细节中寻找孩子未来的影子——不好好吃饭,他会长成"麻杆"吗?不好好睡觉,将来会神经衰弱吗?如此顽皮,将来如何在社会上立足?这样贪玩,长大后会不会游手好闲呢?

对儿子的爱成了我鼻梁上近视镜之外的另一个放大镜,我总是将孩子那些不合乎自己要求的行为不断放大,直到吓得自己慌张无措,进而发出无名火,又吓得孩子手足无措。看到孩子一脸的不解和委屈,我开始自责并不断反省,最终明白,我是在怨恨自己没有应对的办法,埋怨自己愚蠢到用惩罚别人的方式来惩罚自己,而这个"别人"正是自己最爱的儿子。

相信很多家长和我一样,也有为孩子失控的时候。其实,家长对孩子发脾气,不仅会让孩子学会如何发脾气,也在向孩子证明:我除了发脾气吓唬你,没有更好的办法对付你。我不想成为儿子眼里的暴躁爸爸,那么该怎么办呢?

作为出版人,我想到,应该出一本教父母如何完美解决孩子的"懒羊羊式问题"的书,内容以讲方法和教子规则为主,给家长们以指导,避免他们犯类似的错误,再辅以讲给孩子们听的"羊村故事",让爸爸妈妈们能用讲故事的形式来告诉孩子们,这件事不合适,你可以做得更好。这样,爸爸妈妈学方法,宝宝受教育,父母不生气,孩子也高兴,问题就圆圆满满地解决了。

经过几个月的努力,这本书终于出版了。作为策划人之一,我还是有些担心,自己的"单相思"能给同为家长的读者们带来解决问题的办法吗?在此,我希望正捧着这本书的你,在读后能给我一些建议,提供更好的方法,以期再版时改进。

祝天下的父母们幸福,孩子们健康成长!

舒　湖

2011年12月于北京

目录 CONTENTS

Part3 让孩子爱上学习

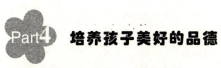

Part4 **培养孩子美好的品德**

Part5 **提高孩子的交往能力**

Part6 **给孩子完美的心灵**

远离 **不良的** 生活习惯

PART 1

1.早餐定量不迟到

　　早餐是一天中的第一顿饭,也是最重要的一餐,早餐对孩子的身体健康有重要的影响。营养学家们指出:早餐如进补。对正处于长身体阶段的孩子来说,吃好早餐尤为重要。头天晚上吃进的食物经过一夜的消化已经进入大肠,胃里空空如野,能量严重不足。如果每晚6点吃晚饭,到第二天的早餐时间,至少相隔了10个小时。如果孩子不及时进早餐,大脑就会处于饥饿状态,以这样的状态去上课,会精神不振,学习能力下降。况且,如果早饭没吃,饿了一上午,午餐的时候就会大量进食,这样会使胃壁一下子处于紧张状态,时间久了易生胃病。

　　长期不吃早餐的孩子容易长胖。因为早饭与午饭相隔时间过长,大脑不断受到饥饿信号的刺激,使人产生空腹感。这样,中午吃的食物特别容易被肠胃吸收,更容易形成皮下脂肪。而且,由于午餐吃得过多,食物消化后多余的糖分会进入血液,容易形成脂肪。

　　不吃早餐,也会让孩子营养不良,影响孩子的健康成长,甚至为一生的健康埋下隐患。因此,一定不要轻视孩子的早餐问题。

　　早餐要定时定量。妈妈最好给孩子规定好起床时间,并及时给孩子准备早餐,而且要保证早餐质量。人在早晨刚起床的时候,往往食欲不佳, 所以妈妈在准备早餐的时候不仅要注意饮食结构, 还要准备质量高,体积小,颜色、味道诱人的食物,在品种方面也要尽量做到丰富,**不能只喝牛奶和豆浆,还要配上蔬菜、谷类和蛋类等**食品。好的早餐应该是以主食为主、副食次之、有干有稀。

　　好的早餐一定要有一些谷类食物，如馒头、包子、烤饼、面包、蛋糕、面条、饼干、粥等，**而且要粗细搭配**。谷类食物可分解成葡萄糖，它是脑组织的主要供能物质。

　　好的早餐要有一定量的蛋白质和脂肪类食物。如果光吃淀粉类食物的话，虽然当时饱了，但淀粉容易消化，过两个小时胃里就空了，于是又会感到饥饿，使大脑的能量供应不足。所以，**早餐应当供应一些含有蛋白质和脂肪的食物**，例如牛奶、鸡蛋、肉类、豆制品等。脂肪具有降低胃蠕动的作用，能让食物在胃里停留的时间更长，能延迟饥饿感的到来。很多人有早晨喝粥的好习惯，**在粥中加些豆子、花生、薏米、红枣等食物**，既能够补充蛋白质，又能补充矿物质，配上一点小菜就能成为非常经济而营养丰富的早餐了。

　　好的早餐要有一定量的蔬菜，如凉拌莴笋、白菜、黄瓜、萝卜、西红柿等。豆腐、豆干、豆皮等豆制品或凉拌海带等海产品，能提供其他营养素和矿物质及增加食欲，并能保证早餐的摄入量。

　　好的早餐要有一定的植物油，在凉拌菜中放几滴植物油，既能为孩子提供所需的热量，又能增加菜的色、香、味，促进食欲。

　　下面这些儿童早餐食谱，妈妈们可以参考一下，为孩子准备简单而营养丰富的爱心早餐吧！

　　星期一：牛奶、馒头、豆乳、蒸鸡蛋、拌莴笋条。

　　星期二：豆浆、烧饼、煮花生米、酱牛肉、米粥。

　　星期三：牛奶、面包、炒豆腐丝、炒胡萝卜丝、煮鸡蛋。

　　星期四：豆浆、花卷、拌海带白菜丝、咸鸭蛋、米粥。

　　星期五：牛奶、小笼包、拌黄瓜、豆乳。

　　星期六：豆浆、蛋糕、拌豆芽粉丝。

　　星期日：牛奶、鸡蛋煎饼、拌海白菜、大米粥。

亲子故事：迟到的早餐

"哇……要迟到啦！"懒羊羊一睁开眼睛就看到挂钟的时针已经指向了七点五十五分。一想到要在同学们面前顶着黑板擦罚站，他"噌"地跳起来就往门外跑。门在身后"砰"地关上了，但不一会儿又"哗"地打开了。懒羊羊跑进屋子，抓起书包，又抓起一块青草面包叼在嘴上，然后像兔子一样蹿了出去。

"要迟到啦，要迟到啦……"懒羊羊一路跑一路嚷嚷，好像要赶去救火的消防车似的。

刚在座位上坐好，懒羊羊就发现喜羊羊还没到。

"哈……今天要看好学生顶黑板擦啦。"懒羊羊幸灾乐祸地小声说。

"铃……"上课的铃声响了。铃声还没消失，一阵旋风突然刮了进来，一团白影流星一般冲进教室。正在进门的慢羊羊被刮得转了好几个圈。

是喜羊羊，他踩着铃声进了教室。"哈……刚刚好！"喜羊羊对着懒羊羊得意地打了"V"字手势。

慢羊羊看到这一切，生气地摇了摇头。

第一堂课课间休息时，沸羊羊拉着喜羊羊踢球，一向活泼好动的喜羊羊却说："我没吃早饭，没力气玩。你去找懒羊羊吧。"

懒羊羊跑了没几步就抱着肚子打滚："疼死我啦，我的肚子疼死啦！"

慢羊羊老师走了过来，一边揉懒羊羊的肚子，一边教训小羊们说："早餐一定要定时定量，不然全天都没力气，还会饿坏肠胃的。懒羊羊刚吃完早饭就猛跑，所以肚子才疼的。"

听妈妈的话

早饭一定要好好吃,这样肚子才舒服,全天才有力气学习和玩。不然,肚子生气了,它就会和你发火,你就会肚子疼,浑身冒虚汗。长大了像是一颗豆芽菜,不会像爸爸那样健壮了。

2. 零食只能"零着"吃

哪个孩子不爱吃零食？家长不也是嚼着零食长大的吗？在训斥孩子视零食如命的时候，或许家长忘记了自己曾经偷妈妈的硬币买冰棍的事情了吧！

零食，几乎是每个孩子的最爱，特别是像懒羊羊这样贪吃的孩子。相对于主食，零食口感新鲜、味道十足，连上班的白领们也喜欢。从营养学角度来看，正在长身体的孩子，对能量和各种营养的需要量都比成年人要多。所以三餐之外，再吃一些有益于健康的小食品，孩子不仅能获得额外的能量和营养，还能够从零食中得到一定快乐。所以，可以**让孩子适当地吃一些零食**。

零食只能"零着"吃，它好比锦上之花、点睛之笔，多了或密了都会成为累赘。

允许孩子吃零食，但**不能以零食来代替正餐**，孩子应当从一日三餐中获得他们生长发育所需要的营养物质。**零食应该在两餐之间吃**。由于孩子代谢比成人快，两餐之间容易出现轻微饥饿感，适当吃些零食可起到预防饥饿和增加营养的作用。

临睡前不要让孩子吃零食。告诉孩子，睡前吃零食会增加胃肠负担，影响睡眠。睡前吃零食如果不注意刷牙，残留在牙缝中的食物残渣会损害牙齿的健康，长期下去会生龋齿。

孩子看电视时，一般都喜欢吃零食，**妈妈尤其要注意控制**，如果不加以控制，孩子就容易不知不觉地吃进太多的零食。

　　孩子吃零食也要有所选择，**如果只吃油炸食品，如炸鸡、薯条、汉堡包、膨化小食品等热量较高的食品，就容易得肥胖症**；经常吃一些含铅量高的食物，如皮蛋、爆米花等，容易铅中毒。孩子正处于身体生长、发育的关键时期，合理吃零食有益于身体健康，要想让孩子在这一阶段身体得到充分生长，妈妈千万不可忽视孩子的营养问题。

　　妈妈给孩子买零食的时候，要选择质量可靠、营养好的零食，同时要控制孩子吃零食的量。给孩子买零食，要在大商场或正规超市购买，不要购买产品质量没有保证的食品。而且尽量买高营养、低糖的食品，如牛奶、酸奶、水果、蛋糕、肉松、牛肉干、干果等食品。

　　绝不能无节制地吃零食，更不能偏嗜某些零食。零食所含的营养素远远不如正餐食物中的营养素均衡、全面，经常吃零食会引起龋齿、营养摄入不足、消化不良、食欲不振等问题。

　　告诉孩子**不要吃街头食品**，如烤羊肉串、麻辣烫等。这些食品原料来源不明，而且街头尘土飞扬、车来车往，极易传染疾病。

　　最后，记得提醒孩子，**吃零食前，一定要认真洗手**。

亲子故事：零食的诱惑

　　一天，懒羊羊急得冒火似地跳着脚对美羊羊说："不好了，不好了，我的零食不见了。"看到懒羊羊嘴边的薯片渣，美羊羊不相信地说："不可能，懒羊羊，是不是你想多吃零食，所以才这样说啊？"

　　懒羊羊一撇嘴，"哼！如果你不相信那就到我家看看吧。"一边说，一边带着美羊羊和朋友们来到了自己家，零食柜里空空荡荡的，"真的，懒羊羊的零食真的没有了。"大家呆住了，美羊羊低下头说："对不起，我不是故意的。"

　　突然，一只小羊在懒羊羊的床下发现了很多零食。美羊羊明白了，懒羊羊就是想骗大家的零食，她生气地指着懒羊羊大声说："懒羊羊，

你是个骗子——"

懒羊羊撒腿就跑，大声地说："我不是故意的。"

听妈妈的话

懒羊羊做得对吗？如果他错了，错在哪里？妈妈喜欢看你吃零食时高兴的样子，但零食只能零着吃哦。如果你把零食当成主食，你的身体就会像没有蛋清、蛋黄的鸡蛋一样空洞洞的不结实。妈妈不喜欢你为零食犯错误。让我们和零食战斗吧！

3.杂食宝宝最健康

父母的爱是无私而伟大的,他们把那些自己喜欢的、舍不得吃的食品,留给孩子吃。看见孩子吃得香,比自己吃得香还要高兴。此情可嘉,但须知,成人喜欢的食品未必适合孩子,正所谓"己所不欲勿施于人。己之所欲,亦不可强加于人"。父母喜欢吃的食物,孩子稚嫩的肠胃未必能消化得了。

有的孩子营养不良,是父母对孩子的饮食营养有一些错误的认识而造成的。他们会认为荤菜有蛋白质,吃得越多越有利于孩子的健康;认为价格高的食品就是好的食品,只要孩子愿意吃,再贵也舍得花钱。不重视培养孩子良好的饮食习惯:孩子偏食挑食,顿顿要吃鱼吃肉,不肯吃蔬菜,餐餐汤拌饭,囫囵吞食。这些不良的饮食习惯只要孩子愿意、孩子喜欢,父母多半也是听之任之。

实际上,人体对每种重要的营养物质都有一定量的需求。太少,身体无法正常运作,也就是营养不良;太多,除过量吸收外,身体还必须花费力气排除多余的部分。蛋白质尤其是如此,因为蛋白质不能在人体内储存。如果摄入过多,成长中的孩子不得不把原来用以发育的能量浪费在处理废物上。

为了孩子的健康,作为父母,你要学习平衡膳食的基本方法,要有信心成为自己孩子的"专职营养师"。

如果你太忙,那么也可以一个月里有 15 天做到膳食平衡,其余时间可以穿插着吃简单一些。

适当给孩子吃一点粗粮,一周 1～2 次,一次给的量可以少一点,如果孩子比较肥胖,或者经常大便干结,可以让他适当多吃一点粗粮。

给孩子提供品种丰富的新鲜水果和蔬菜,确保他每天进食一定量的水果和蔬菜;你可以经常**给孩子吃绿叶菜和水果,而少吃油煎、油炸和高糖分的食品**。

给孩子安排均衡的饮食,也是一门学问,父母平时要以身作则,教导孩子享受美味而又健康的饮食的乐趣,在孩子面前当餐桌旁的"美食评论家"和"营养分析家"。

亲子故事:狼不吃肉会怎样?

晚上,灰太狼又无精打采地回家了。白天,他不仅没有捉到羊,连青蛙也没有捉到,"唉!又要挨老婆打了。"灰太狼叹了口气说。

灰太狼轻轻地推开门,像小偷一样探头往狼堡里看,没有动静,他又踮着脚尖往里走,客厅里一点声音也没有。"嘿嘿,老婆没在家!"灰太狼高兴了,"哈哈,今天这顿揍躲过去啦!"

灰太狼想休息一下,来到卧室,发现红太狼躺在床上,好像生病了。

"老婆,你怎么了?"灰太狼连忙嘘寒问暖。

"我生病了,浑身没力气。又没抓到羊是吗?"

"……"

"青蛙呢?"

"老婆,我给你捶捶背吧,我下次一定会努力的。"

"……平底锅在床下,你自己挑一个大的砸吧。"

"噢!"

灰太狼挑了个小平底锅,在头上轻轻砸了一下,"叮——"声音好像铃铛一样。

"换一个,用大的砸。成天拿些浆果和萝卜糊弄我,我这病都是你

害的。使劲砸——"红太狼使出浑身的力气吼道。

灰太狼赶紧换了一个大的平底锅，用力砸了下去。"当——""哎呦，疼死我啦。"灰太狼喊。

"哎呦，饿死我啦。"红太狼有气无力地说。

听妈妈的话

狼不吃肉会生病，因为狼是食肉动物，只能吃肉。羊只吃肉会生病吗？羊也会生病的，因为羊是食草动物。而我们人类是杂食动物，蔬菜和肉类都要吃，如果只吃其中一种也会生病。如果宝宝你只吃肉，牙龈就会出血，还会生出许多怪病；如果只吃蔬菜，又会长得像菜叶一样不结实。这都是妈妈不想看到的。所以，妈妈希望我亲爱的宝贝既喜欢吃肉，又喜欢吃蔬菜。

4.孩子吃得少怎么办?

"没有胃口"、"不想吃东西" 这实际上就是厌食症的最简单的描述。这几乎是每一个孩子成长过程中都会遇到的问题。但是,如果孩子只是吃得少,而实际进食的热量完全能够满足孩子的生理需要,就不能算作厌食症。

真正的厌食应该是说,较长时间里食欲减退或者消失,进食量低于其生理需要的热量并出现消瘦及体重偏低等症状, 如果很长时间里食物吃得太少,最后饿晕了,这就是典型的厌食症。

孩子的胃口差,不愿意吃饭,那么营养的摄入就会不足,体质虚弱,平时多病,而多病的孩子胃口更差,这样就会形成恶性循环。孩子厌食的原因包括精神心理因素和不良的饮食习惯。例如吃饭不专心、边吃饭边看电视;父母在吃饭时批评或责打孩子等。

父母要想办法提高孩子的用餐兴致,对玩得正高兴的孩子,**在用餐前 15 分钟要把活动逐渐停下来**。父母还**要注意多花些心思在菜色上做变化**, 在饮食均衡的前提下, 可以用多种类的食物取代平日所吃的米饭、面条。例如:以马铃薯当成主菜,再配上一些蔬菜,也能拥有一顿既营养又丰盛的餐点。同时也要讲究烹调技术,孩子不吃肉,可做成水饺或馄饨让他吃;不吃豆腐,就做成卤干让他吃;不吃鱼,可做成鱼丸让他吃。尽可能地使孩子膳食达到粗细、荤素搭配均衡。

吃过多零食也是导致孩子厌食的主要原因之一, 有些家庭中孩子吃的零食太多,高热量、高蛋白质的糕点、巧克力等吃上一点就等于一

碗饭的能量，孩子长期没有饥饿感，就对食物失去了兴趣。因此，父母要**减少孩子正餐之外的食物**，孩子可以吃零食，但是不能过量，尤其是一些垃圾食物。这样才能避免孩子因多吃零食，造成"本末倒置"吃不下正餐的情况出现。

孩子的胃口不可能每顿都一样，有时好点，有时差点，**不要强求他每顿一定要吃多少**，尤其不要强迫他吃"高级营养品"。当孩子不想吃时，不少年轻的父母吹胡子、瞪眼睛，把菜饭往孩子面前一放，凶神恶煞般地命令孩子必须在一定时间内吃完，否则休想吃别的东西，然后像监工一样守在旁边，结果造成两种不愉快的情况出现：一种是孩子说什么也不愿意吃饭，另一种是孩子含着泪水、委屈地咽下饭菜。

其实，这样的做法往往会适得其反。千万不要强迫孩子，因为适当的饥饿感可以改善孩子的食欲；还有，孩子有时要一口菜一口饭吃，有时却喜欢把菜拌在饭里吃，把汤泡在饭里吃，这个时候你最好不要去干涉。

父母应当明白，只有当孩子有食欲时才肯吃东西。在孩子吃饭时，对他说一些轻松、活泼的话语，**让吃饭不再只是吃饭而已，而变成一件有趣的事情**，这样愉快的就餐环境才有助于提高孩子的食欲和培养孩子良好的进餐习惯。切忌与孩子讨价还价，**不要以送礼物等形式作为交换条件**，否则会引起更难纠正的新问题。

总之，只要孩子不是神经性厌食，父母对孩子的厌食问题不必过分关注，应将关心化作无言的行动，耐心、友好地做到：给孩子机会，但不要留有余地。让孩子明白吃饭就是吃饭，没有附加条件，相信在父母营造的愉快氛围中，让你烦恼的小家伙会很快变成让你惊喜万分的"小老虎"。

亲子故事：美羊羊得了厌食症

开饭啦，小羊们个个吃得热火朝天，只有美羊羊看着饭菜不动筷子。

"美羊羊，你怎么不吃饭啊？"暖羊羊关心地问。

"我没胃口，不想吃。"美羊羊说。

"嗯？"一听到有人不想吃，懒羊羊立刻凑了过去，"美羊羊，既然你不想吃，就把你那份饭菜给我吧。"懒羊羊对美羊羊说。

"好吧。"美羊羊把盛满食物的盘子推给了懒羊羊，转身出了食堂。懒羊羊都顾不上感谢，立刻甩开腮帮子吃了起来。

暖羊羊刚好吃完了，连忙追着美羊羊的影子跟了上去，问道："你怎么不想吃啊？可不能因为想减肥就不吃饭啊！"

"我知道。前两天，村长刚刚因为减肥批评过我，我已经不减肥了。"美羊羊说。

"那你怎么还不吃饭啊？有什么伤心的事情吗？"暖羊羊关心地问。

"我……减肥的那段时间，我吃得非常少，所以胃口变小了。但我还是想吃得更少。发展到今天，我一见到食物就恶心，根本吃不下饭。我得了厌食症啦！呜呜……"美羊羊伤心地哭了。

听妈妈的话

相信吗？有人会讨厌吃饭，还有人在面对饭菜时饿晕过去。欧洲的一些时装模特出于职业的需要，总是吃得很少，结果个个骨瘦如柴。后来，模特们罢工了，反对行业内的规则。罢工取得了成功，身材偏胖的模特也能工作啦。但是，这些模特们还是吃不下饭，因为长期的少吃和不吃，已经让她们得了厌食症，再也吃不多了。如果宝宝总是吃得少，或者吃饭时三心二意，你的肚子也会罢工的。

16

5.纠正贪吃的坏习惯

　　孩子不爱吃东西，让妈妈烦恼，可孩子如果吃得太多，也不是一件好事，并不是孩子吃得越多，吸收的营养就越多，身体就越好。

　　贪吃对孩子的健康不利，因为孩子贪吃多数吃的是零食，并不是营养丰富的主食，有时候甚至是吃对身体有害的零食；加上嘴馋，零食不离口，必然破坏胃口，对贪吃的食物能吃得津津有味，但这些食物不能满足机体对营养成分的需要；吃正餐主食，却一点食欲都没有，甚至吃不下去，这样就会使身体得不到充分的营养，导致营养素的缺乏。还有的孩子因贪吃而肥胖，往往产生自卑感和依赖心理，影响身心发育。

　　而且，人在进食后，要通过胃肠道的蠕动和分泌胃液来消化吸收食物，若一次进食过量或一刻不停地进食，消化道血管长时间处在工作状态，就会把人体里的大量血液，包括大脑的血液调集到胃肠道来。而充足的血供应是儿童生长发育的前提，如果经常处于缺血状态，其发育必然会受到影响。

　　贪吃还会抑制大脑智能区域的生理功能。人的大脑活动方式是兴奋和抑制相互转换的，即大脑某些部位兴奋了，其相邻部位的一些区域就处于抑制状态，兴奋越强，周围部位的抑制就越深，反之亦然。

　　因此，父母要帮助孩子纠正贪吃的坏习惯，要让孩子**养成定时进餐的习惯**。如果能定时进餐，而且正餐吃饱吃好，这样在非进餐时间便不会想吃其他东西，贪吃的问题可能会减轻以至克服。

　　少让孩子吃零食，即使是吃零食也应有一定的时间规律。一般把零

食放在两顿正餐之中进食，或者放在饭后进食。如果能严格地按一定的时间给予零食，这对纠正孩子贪吃的习惯也会起一定的作用。

妈妈在安慰孩子或奖励孩子的时候，不要用食物替代孩子的需求。如每当孩子受委屈时得到的是一块巧克力，或者每当孩子考试得了高分，爸爸妈妈奖励一盒饼干，久而久之，可能会让孩子养成爱吃的习惯。

妈妈平时要教育孩子正确对待吃东西的问题。告诉孩子，小孩子吃东西是为了长身体，而不是为了满足进食的"快乐"和"享受"，如果吃太多的东西，嘴巴和肚子高兴了，身体却高兴不起来，因为会产生一些疾病。肚子饿了应适当吃东西，并且要吃好、吃饱；肚子不饿的时候，就不要吃太多的东西，这样就能防止贪吃习惯的养成。

妈妈平时要多与孩子进行情感交流，丰富他们的精神生活，注意他们的情绪变化，把孩子的注意力更多地转移到动手动脑上来，**避免孩子产生用食物来代替其他需求的心理**。当发现孩子突然吃得很多时，妈妈应了解他是否遇到了挫折，他真正的需求是什么，为他解决问题，并限制孩子的食量。

亲子故事：懒羊羊的"秘密武器"

每次吃饭的时候，懒羊羊总是吃得很多，连出去野餐也不例外。

在一次野餐会上，懒羊羊吃了十个青草蛋糕、十个青草沙拉、十个烤蔬菜，还有一大堆的零食。他吃得太多了，都快走不动了。他美美地躺在草地上，看着蓝蓝的天空，满足地说："这才是生活啊！"

突然，喜羊羊发出了警报："灰太狼来啦，大家快跑啊！"小羊们立刻向村子跑去。懒羊羊也听到了警报，可是没跑几步就摔倒了。他吃得太多了，已经跑不动了。"我跑不动了，谁来帮帮我呀？！"

沸羊羊跑了过来，拉起懒羊羊就跑。但是，受懒羊羊的拖累，沸羊羊也跑不快了。灰太狼很快就追了上来。"哈哈，小胖子，我就知道你吃得

最多,肯定跑不快,我盯你好久啦!"灰太狼得意地说。

"啊——灰太狼,你离我远点。我有秘密武器的——"看着灰太狼的爪子,懒羊羊一边使劲跑,一边虚张声势地喊。

"别吓唬我啦!跟我回去做我的晚餐吧。"灰太狼冲上来,一拳打中了懒羊羊的肚子。懒羊羊疼得一张嘴,"哇"的一声,把一大半午餐都吐了出来,吐了灰太狼一脸。

灰太狼被黏糊糊的食物蒙住了眼睛,只好停下来擦眼睛。懒羊羊却感觉轻松多了,趁着灰太狼擦眼睛的工夫,和沸羊羊一溜烟儿跑回了羊村。

听妈妈的话

吃得太多,肚子也会受不了的。食物会从胃里一直堆到嗓子眼儿。想一想,如果你在这样的情况下做游戏,会不会像懒羊羊那样把食物吐出来呢?吃得太多,肚子会累坏的,肚子累坏了,你吃东西就再也不香了。

6.讲卫生,不生病

孩子的抵抗力比较差,很容易感染疾病。良好的卫生习惯是保证孩子身体健康的必要条件。家长们应该培养孩子讲卫生的好习惯,让邋遢的"懒羊羊"变成干净、整洁的"美羊羊"。

让孩子**养成干净整洁的习惯**,因为这个习惯不仅会影响孩子的健康,也会影响到孩子长大后的形象气质。所以在孩子还很小的时候,就要让他认识到洗手、洗脸、洗头、洗脚、洗澡、剪指甲的好处,等再大一点,就要教他正确的方法,让他养成勤洗脸、勤洗手、勤洗澡等的好习惯,这不仅能清洁身体、保证卫生,也能够促进血液循环,有利健康。

让孩子**养成常洗手的习惯**是你应该重视的,孩子的小手每天要接触很多东西,往往会沾染上各种污物和细菌。督促他们养成饭前、便后和手脏时及时洗手的习惯,去掉细菌。孩子洗手时常常会敷衍了事,要**教他认真用肥皂搓洗**,告诉他只用水冲冲,细菌是赶不走的。家里的手帕、毛巾、牙具、餐具和杯子等,要为孩子准备专用的。如果带孩子出去玩,要记得在包里放一包手帕纸。

教孩子保护好自己的牙齿、鼻子、眼睛和耳朵,当孩子自己有了这些保护意识,**会帮你省掉很多烦恼。**

让孩子养成刷牙的习惯。不要认为孩子的乳牙反正要换,就不注意对它的保护。如果不注意保护乳牙,一旦它被龋坏缺损,会影响孩子对食物的消化与吸收,不利于孩子的生长发育。所以,家长一定要注意保护孩子的乳牙,培养孩子良好的口腔卫生习惯,让孩子每天主动刷牙,

睡觉前不吃糖果、饼干等。

保护鼻道，有事没事抠鼻孔是不好的习惯。睡觉的时候不要用嘴呼吸，用鼻子呼吸可以使吸入的空气经过鼻道过滤而变得洁净、温暖和湿润，保护呼吸道和肺，使它们健康。

告诉孩子，眼睛是心灵的窗户，让孩子知道眼睛的用处。当眼睛不舒服的时候，孩子最喜欢用手揉眼睛，也不管小手脏不脏，这个时候，家长一定要制止。孩子学习的时候，要保持正确的姿势，即眼距书本一尺、胸距桌沿一拳、握笔时手指与笔尖距离一寸。不要让孩子在光线太强、太弱和阳光直射处看书和学习，这些光线会刺激孩子的眼睛。

不要让孩子自己挖耳朵，或者将小东西塞到耳内。给孩子洗脸、洗澡时要小心，不要把水弄进孩子耳内，以免损伤鼓膜，引起中耳炎，影响孩子的听力。

告诉孩子不要吃不干净的食物。俗话说"病从口入"，特别是抵抗能力差的孩子吃的东西更要谨慎。**地下捡的东西绝对不能随便往嘴里放，生吃瓜果，一定要洗干净，最好削了皮再吃。**

培养良好的卫生习惯是件平凡而细致的工作，要要求孩子持之以恒地坚持下去。你可以给孩子耐心地讲解、提示，给孩子以具体的指导和帮助。

例如，洗手时先把袖子挽起来，把手沾湿再打上肥皂，然后两手互相搓擦，"看！起了好多肥皂泡沫！""现在脏东西都搓掉了，我们把手冲洗干净吧！"耐心地把手上的肥皂泡沫冲洗干净，甩掉手上的水珠，用毛巾把手擦干。如果聪明的小朋友已经会做这些事情了，只是还没有完全形成习惯，那么你就要提醒他，例如，"先把袖子挽起来再洗手"，"要把手心手背都搓干净"，**语言的提示可以帮助孩子去完成这些应该做的事情，并逐渐养成习惯。**

妈妈自己也要注意，当你在给孩子洗脸、洗头、洗澡的时候，动作要轻柔,要让孩子感到舒适愉快。**如果你弄疼了他,下次他自然就不愿再做了**。例如,洗澡时的水温一定要合适,过冷过热都会刺激到孩子,使他一见浴盆就"逃之夭夭"。

最后要提醒你的是,孩子们喜欢模仿大人的动作,在生活习惯方面,**家长首先要做出好的榜样**。一个人的很多习惯都是从小养成的,所以,作为父母,一定要多关注孩子的生活细节,当发现他做得不对时,要尽快指出来他的问题并纠正。

亲子故事:懒羊羊的勋章

懒羊羊的发型很有特点,很像是"便便"。懒羊羊的生活也很有特点,不爱洗澡,看到好吃的抓起就吃,脸上常挂着青草末儿,胸前也往往留下美餐之后的"勋章"。

懒羊羊出来了,小伙伴们赶紧跑开。"懒羊羊,你怎么这么臭啊!"美得像花一样的美羊羊捏着鼻子说。

"我怎么没觉得臭啊!"懒羊羊抠着鼻孔说,抠完了鼻孔,顺手在身上擦了擦。

"你太恶心了!"沸羊羊生气地扬起拳头,刚要打下去,突然看到趴在懒羊羊"勋章"上的蟑螂,吓了一跳,大喊:"你不要过来!"一边说一边倒退着跳开了。

听妈妈的话

所有的爸爸妈妈都喜欢干干净净的小孩,所有的小朋友都愿意和干干净净的小朋友玩。讲卫生不仅能让别人喜欢上你,也能让你远离疾病。那些病菌最讨厌干净了,一看到你那么讲卫生,就全都吓跑了。

7. 长高的秘密

生活中有很多这样的孩子,当和同龄的孩子站在一起时,他们明显矮了一截。为此,有的孩子常常感到自卑,也有的孩子为此遭到别人的嘲笑而伤心难过。

一般来说,男孩从 3 岁到 19 岁、女孩从 3 岁到初潮后的 3 年,是长高的最佳时期。因此,在这时进行科学的管理和调节尤为重要。在影响孩子身高的因素中,除遗传因素以外,其他 77% 的后天因素都是可以通过科学的管理方法来控制的。

想让孩子长高,**应保证孩子有充足、均衡的营养来源。**

首先,蛋白质是长个子的主要原料,每天应保证一定的供应量。蛋白质主要存在于动物食品,如瘦肉、鱼、虾、动物内脏、鸡蛋、牛奶中,豆制品也是较理想的优质蛋白质来源。其次,应提供给孩子足够的钙质,以帮助孩子骨骼生长。**牛奶是最理想的钙质来源,每天要让孩子喝 500ml 左右的牛奶;**豆浆、虾皮中也含较多的钙。再次,各种维生素和微量元素对促进生长发育也是至关重要的,尤其是锌元素,应**让孩子多吃新鲜蔬菜、水果、海产品,适当吃一些坚果类食物**,以提供充分的维生素和微量元素。最后,米、面类主食是身体的主要能量来源,每天应保证基本摄入量。注意少让孩子吃甜食,因为甜食会影响孩子长高。

鼓励孩子多做运动。每天应保证孩子有 20 分钟以上的运动时间。运动可以刺激生长激素分泌。以下几类运动有助于孩子长高。

1. 弹跳运动,如跑步、爬楼梯、跳绳、跳橡皮筋、跳高、跳远等,有助

于四肢运动。

2. 伸展运动,如体操、仰卧起坐、前后弯腰及各种悬挂性运动等,有助于脊柱骨和四肢骨的伸展。

3. 全身性运动,如篮球、排球、羽毛球、足球等各种球类运动及游泳等,有助于全身骨骼的伸展延伸。

为孩子创造一个良好的生活环境。心情不好的孩子身体往往也长不好。长期心情压抑,会影响大脑皮层向下丘脑传播神经冲动,从而抑制脑垂体分泌生长激素。所以,**如果父母有矛盾,不要在孩子面前显露,也不要在孩子面前争吵**。和谐的家庭关系不仅能让夫妻双方身心健康,也会让孩子健康成长。

当孩子为自己的身高而焦虑时,父母有必要让孩子明白,个子矮并不是一件坏事,要知道,有很多事情都是高个子干不了的。当喜羊羊、沸羊羊他们被灰太狼抓进狼堡时,懒羊羊凭借着自己矮小的身子自由穿梭于狭小的洞口,从而帮助小羊们逃离了狼爪。这个时候,"矮冬瓜"就是最有用处的。告诉亲爱的"矮冬瓜"们,身高并不能说明什么。

另外,对于生活中的一些广告宣传,父母们千万不要盲目相信,**给孩子滥用增高产品,往往会带来许多危害**。

亲子故事:篮球与冬瓜

阳光明媚的上午,小羊们正在球场上打篮球。比赛很激烈,双方你追我赶,互不相让。懒羊羊因为个子矮,抢不到球,只好跟着球跑,或者阻挡对手进攻。

一只小羊带球冲过来了,闪过了沸羊羊,冲到了懒羊羊面前。

此时,比赛就要结束了,懒羊羊队领先一分。如果这个球进了,懒羊羊队就输了。懒羊羊总也得不到球,有点急了,耍起了无赖,一下子就抱住了那只小羊:"哼!我就不让你过去!"

喜羊羊一看,连忙大喊:"把球传给我。"他接到球往前跑,没想到沸羊羊又冲了过来。在他们对峙的时候,懒羊羊松开手,退回到罚球线防守。喜羊羊很灵活,一个虚晃就闪过了沸羊羊,来到懒羊羊面前。

懒羊羊又想要无赖,想冲过去抱住喜羊羊。喜羊羊看穿了懒羊羊的诡计,一个高跳,居然从懒羊羊的头顶跳了过去,然后一个漂亮的扣篮,球进了。

懒羊羊和沸羊羊所在的球队失败了。

沸羊羊气愤地对懒羊羊说:"长得跟三寸钉儿一样,连我的头顶都摸不到,喜羊羊跳得都比你长得高。这样还想打篮球?"

"我……我……"懒羊羊委屈地说不出话来,因为他也不想拖全队的后腿。

"我什么我,想打篮球,长高一点再来吧,矮冬瓜!"沸羊羊丢下这句话就走了。

"你们才是矮冬瓜,我是高冬瓜!"懒羊羊生气地喊。

听妈妈的话

身材高大不证明脑袋聪明,身材矮小也不说明没力气。那些比你高的小朋友和你说话时,不都要向你低头"行礼"吗?同时,身材矮小的小朋友弯腰从来不费劲。我知道你想长得像大树一样结实健壮,那就和妈妈立个约定吧:妈妈给你准备让你长高的饭菜,带你做让你长壮的游戏,你和妈妈配合,一定要长得比爸爸还高。好吗?

8.睡觉的规矩

睡眠会影响到一个人的精神健康，足够的睡眠对孩子来说尤为重要，它不仅能够消除孩子的疲劳，促进孩子生长发育和健康成长，还能促进大脑的生长发育。

孩子的正常睡眠时间为：1 岁需要 13 个半小时；2 岁需要 12 个半小时；3 岁需要 12 个小时；4 ~ 6 岁需要 10 ~ 11 个半小时。家长们应了解这些年龄段的睡眠时间，孩子睡得过多或过少，都不利于他的生长和发育。

孩子不好的睡眠习惯，常常让家长头疼。一般来说，孩子的睡眠习惯是受环境影响的，要让孩子有个良好的睡眠习惯，首要的是要有个良好的卧室环境。**在孩子睡前半小时，最好能把卧室的窗子打开换气**，以保持室内空气新鲜，因为新鲜空气能使孩子迅速入睡，并且睡得更深更沉。**开窗睡时不要让风直接吹在孩子身上**，以免着凉。孩子上床前，**卧室光线暗淡一点比较好**，但也不要弄成漆黑一片，上床后再关灯。

在天气冷的时候，**孩子喜欢蒙着头睡觉**，如果家长发现了，一定要**提醒孩子把头露到被子外面**，并告诉他蒙着头睡觉不利于健康。蒙头睡觉时，呼出的是大量二氧化碳，吸入的是稀少的氧气和污浊的空气，很可能会造成缺氧，从而影响呼吸循环。这样即使睡眠时间够了，第二天醒来也会昏昏沉沉，影响学习，甚至可能患上呼吸道疾病或做噩梦。

如果你的孩子有睡前听故事的习惯，你可以用**柔和的声音给他讲一个平淡而短小的故事**。若在一段时间内每晚都重复讲述同一个故事，

对孩子会有催眠的作用。千万不要给他讲太惊悚、恐怖的故事，这会让孩子过度兴奋，影响入睡时间和睡眠深度，还可能导致多梦。

睡前不要给孩子玩新的或有趣的玩具，更不要从他手中夺下玩具或做其他容易引起他强烈反应的事，要知道孩子也会为一件事情耿耿于怀的。**让孩子慢慢入睡需要有耐心，千万不要骗孩子说："狼来了，快睡吧。""老虎来了，不睡觉就会被老虎吃掉。"吓唬孩子**，会造成孩子的恐惧心理，引起噩梦、夜哭等。

正确的睡眠姿势对孩子的健康也很重要。一般来说，右侧卧睡姿势较好，因为这样能使心、肺、肝、胃、肠都能处于自然位置，能使呼吸通畅，并使胃中食物向肠道顺利输送，还可使全身肌肉放松，利于体力恢复和生长发育。但在较长的睡眠中，睡姿应有适当的变换。孩子比较娇嫩，枕头要松软，盖的、垫的东西也要软硬适度。

注意**晚饭要清淡，不要让孩子吃得太饱，晚饭后至少要过一两个小时才能睡觉**，否则，胃里的食物存留过多，会妨碍睡眠。孩子睡前吃糖也不是个好习惯，因为糖在唾液的分解作用下产生酸性物质，停滞在牙上腐蚀牙齿的珐琅质，会造成龋齿。

睡前不要让孩子喝太多的水，并提醒他上床之前先上厕所，以免夜间小便次数过频而影响睡眠。

最后，妈妈和爸爸不要因为看电视或忙于其他事情，影响孩子按时睡觉，这样很难养成良好的睡眠习惯。第二天早上，爸爸妈妈不要睡懒觉或在被窝里与孩子玩，或让孩子在床上吃早点等，这样做无形之中会让孩子变成真正的"懒羊羊"。

亲子故事：懒羊羊教大象睡觉

青青草原的管理员包包大人已经连续几个星期睡不好觉了。他眼圈黑黑的，眼睛红红的，快成"熊猫"了。听说羊村的懒羊羊是睡觉高

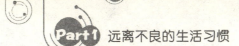

手,包包大人就到羊村找懒羊羊学习如何睡个好觉。

"教你睡觉?"懒羊羊从来没听说过睡觉还要让人教。

"懒羊羊老师,你就教教我吧。因为睡不好觉,我总是打不起精神,还忘东忘西,青青草原快乱成一锅粥了。唉……"

"教你睡觉,有好吃的吗?"懒羊羊咧着嘴问。

"……我家里有一大筐香蕉,算是学费吧。"

"好,你要说话算数啊。"

"我以我的职业发誓,我一定说话算数。"

"好吧。"懒羊羊答应下来,开始上课。

"想睡个好觉,你要有个柔软舒适的枕头,就像我这个一样。你枕一下就睡着了。"

包包大人接过懒羊羊的枕头,枕着枕头躺了下来。

躺了一会儿,包包大人还是睡不着,就对懒羊羊说:"懒羊羊老师,我还是睡不着啊。"

"那你可能还需要一张舒服的大床。你到我房间里睡一觉试试。"

包包大人躺在懒羊羊的小床上翻来覆去,"轰"一声,床塌了。

"我最舒服的大床啊!"懒羊羊心疼地喊。包包大人赶紧说:"这床我赔给你。"

懒羊羊说:"你要说话算数!嗯……你数小羊吧,这样就能睡着了。"

"哦,一只小羊,两只小羊……五百零一只小羊。懒羊羊老师,我怎么还是睡不着啊?懒羊羊老师,你怎么睡着了啊?"

慢羊羊村长走了过来,推了推眼镜说:"包包大人之所以睡不好,是因为要处理的事情太多,压力太大了吧。"

"是啊。"包包大人说,"最近要搞环境评比,好多事情呢。"

"这样吧,我们羊村帮你组织这次活动吧,这样你就轻松多了。"

  "太感谢了。太感谢了。"听了这话，包包大人心里立刻轻松了下来，"我真不知道该怎么感谢你们，你们……"话没说完，他就站着睡着了。

听妈妈的话

  宝贝，你知道什么时候能长高吗？就是在你睡觉的时候。不睡觉的时候，你的身体在忙着吃饭、玩、学习等，只有在你睡觉的时候，你的身体才有时间长高。如果你睡不好的话，你的身体就长不高，还会生病。

9.我爱看电视

要说孩子学什么最快，应当说是学电视广告语最快。那些画面鲜亮、声音响亮、设计诱人，而且反复播放的广告，常常成了孩子最熟悉的画面。你可能听不到一个四岁的孩子说出太完整的话，但他却能说出一句完整的广告语。

为了看动画片，孩子可以不吃饭。为了看儿童节目，孩子会和家长争遥控器的控制权，甚至为此毫无道理地哭闹。为了看电视，孩子可以编出种种借口和爸爸妈妈讨价还价。电视这个神奇的匣子远比板着脸说话的爸爸妈妈好看、好玩。

但是，电视机只会讲故事，不会与孩子互动，不利于孩子创造性发展，孩子还会模仿一些少儿不宜的节目内容，这对孩子的行为、语言、思考等方面有不好的影响。孩子眼球发育不完善，看电视会影响孩子的视力，甚至导致近视、散光等眼科疾病……

当然，电视也有对孩子有利的一面，电视能提供多方面的信息，开阔孩子的视野。如何慎重选择适合孩子观看的电视节目，并让电视成为孩子成长中的学习工具，及亲子间另一座互动的桥梁，而不是电子保姆，就要看家长的智慧了。下面的一些建议可以为家长提供有益的参考。

家长有时间尽量陪孩子一起观看。在孩子观看电视节目的时候，你不妨先放下手边的事情，**坐下来陪孩子一起观看**，这是和孩子沟通的好时候。家长可以就节目和孩子交流。看电视的过程中，不妨向孩子提出

问题，了解孩子对节目内容的看法，了解孩子的想法，适时纠正孩子的错误观念，进而对孩子在人、事、物的判断方面，做出正确引导。询问的时候，最好能结合电视节目的内容，并用节目中的语言去问。

提高孩子的想象力。在与孩子一起观看时，不妨**提出一些问题让孩子去联想**，鼓励孩子一起去思考，借此提高孩子的想象力和思考判断能力。

电视看多了并不是一件好事，家长需要控制孩子看电视的时间。定好规则是很有必要的。**吃饭时不能看电视；做作业时不能看电视；看电视要定时，并让孩子自己控制时间等**。规则一旦规定下来就要持之以恒。可以和孩子约好，在周末、节假日，有益孩子的节目播放时，允许他多看一会儿。此外，每次在开始看电视之前就要告诉孩子他要遵守约定，约定今天是看多久，是这一个节目或者是某个动画片的一集。而且，**在规定的时间到来之前，最好提前给孩子适当的提醒**，告诉他看电视的时间快结束了，这样可以给孩子一个心理缓冲期。

其实，这是帮助孩子培养自控能力的好机会。如果孩子守时，就要给予奖励，这样会给孩子一个自律就会得奖的印象。这是帮助孩子培养自律的一个最简单的方法。

孩子眼睛的发育还不完善，所以给孩子规定的看电视时间不要过长，一般**不能超过 40 分钟**。平时看电视时，每过 15~20 分钟要使眼睛离开荧光屏上的画面，看一看稍远一些的东西或者去室外望一望远处。每过一个小时，还应该让眼睛休息几分钟。

和电视保持合适的距离。一般来说，看电视时，把孩子的座位安放在**距离电视机 2.5~4 米**处为宜。

看电视时还要**讲究坐姿**。靠在沙发上看电视可能会导致脊柱发育不良。

专家提出，有两类节目最适合少年儿童观看：一类是**儿童文学**，像

一些儿童文学名著、童话改编的故事片、动画片都是很好的；另一类是**科技类节目**，比如大自然探险，观看各种知识类的、科幻类的节目对孩子很有好处。总之，家长要为孩子选择一些高质量的电视节目来观看，引导孩子科学地使用媒介。

如果孩子喜欢看成人电视剧，家长要注意选择情节简单、比较接近现实生活并与现代社会道德价值观念接近的内容。如果成人片里有表现社会阴暗面的内容，要避免儿童观看，如果不小心被孩子看到了，要向孩子作出解释，说明这种现象并不是普遍的，是被社会所否定的。

亲子故事：看电视

晚饭后，羊羊们在一起看电视，但很快就为看哪个节目吵起来了。

"我要看包包大人的美食节目。"懒羊羊说。

"我要看九色蜘蛛的时尚衣装。"美羊羊说。

"别争了，我要看泰哥的健身房！"沸羊羊也跟着要换台。

"听我的，我是班长，还是看扁嘴伦的个唱直播吧。"一向温柔体贴的暖羊羊也一副不让人的样子。

爱捣蛋的喜羊羊趁忙乱中递给暖羊羊一个东西："班长，给你遥控器！"

"还是喜羊羊好，呵呵！"暖羊羊看也不看就直接按了按钮。

"轰！""遥控器"炸起一团烟雾，除了喜羊羊，所有的小羊都被炸成了"黑脸包公"。原来，喜羊羊递给暖羊羊的是个墨水炸弹。

"哈哈……"喜羊羊在一旁笑得直捧肚子。

慢羊羊村长听到爆炸声连忙跑了过来："怎么回事……又是因为看电视，居然还弄出炸弹了！以后谁也不许看电视了！"

听妈妈的话

妈妈不反对宝宝看电视，但讨厌宝宝不停地看电视，更讨厌宝宝离电视机很近地看。因为这样会让宝宝的眼睛生病。只要宝宝按照妈妈的要求去做：吃饭的时候不看电视，学习的时候不看电视，看的时候离电视机远一些，超过半个小时就休息一下。妈妈就会高兴地让宝宝看电视啦。

为 孩·子撑起
健康的蓝天

PART 2

I. "目前"问题

3～6岁是孩子视力发育的关键时期,要有好视力,必须从这一时期开始保护孩子的视力。要使儿童拥有一双健康的眼睛,就要从各个方面努力。

要保护孩子的视力,要**多吃瘦肉、动物的内脏、鱼虾、奶类、蛋类、豆类等**。这些食物里面含有丰富的蛋白质和维生素 A。蛋白质是组成细胞的主要成分,维生素 A 对眼睛很有益,每天应该摄入足够的维生素 A。许多植物性食物中含有维生素 A,比如:胡萝卜、菠菜、韭菜、青椒等,水果中的橘子、杏子、柿子等。另外,含有维生素 C 的食物对眼睛也有益,因此还应多吃一些含维生素 C 的食物,如:青椒、黄瓜、花菜、小白菜、鲜枣、生梨、橘子等。

除了饮食,还要教育孩子养成良好的阅读习惯。孩子刚开始阅读时,父母千万**不能允许孩子躺在床上读书**,有些家长喜欢带着孩子躺在床上看故事书,虽然温馨浪漫,却给孩子留下了可以躺着读书的印象。当孩子自己不被允许躺着看书时,一定会很茫然——当初是你们教我这样做的呀!?

应让孩子端坐在书桌前,使书报与双眼的距离保持在 30 厘米左右。在阅读了 20～30 分钟后,应让孩子停止片刻,观看较远的物件,或者是坚持做眼保健操,让眼睛休息一下。此外,父母在为 6 岁及以下的孩子买书时,应**注意挑选字体较大、排版清楚、印刷精美的读物**,看密集的小字会对孩子的视力造成不良影响。

孩子读书时，室内光线要充足，尽量采用自然光。下面几个数字家长要记牢，不仅对孩子的视力有好处，对成人的视力也有好处。

看电视时不要把灯都关掉，室内需要一定的照明灯光，最好开一盏8～10瓦的小灯；眼睛与荧光屏的距离至少为屏面对角线的5～7倍，屏幕应略低于眼高；晚上在家看书、画画时最好用40瓦的灯泡照明，并安上灯罩，悬挂的高度以视野内看不到灯泡为宜。

坐姿不良是造成孩子视力下降的主要原因之一。要让孩子养成良好的坐姿，父母首先要在孩子写字、读书或绘画时，为孩子提供与其身高相协调的桌椅。一般来说，**桌椅之间的距离以孩子端坐在椅子上两肘刚好能放在桌面上为宜**。

让孩子不要用手去揉眼睛。孩子眼部发痒或有砂粒进入眼睛时，常会用手去揉，这对眼睛的健康极为不利。因为揉擦很容易使异物进入眼睛。因此，父母要提醒孩子**当眼部不适时应紧闭双目，任其流泪**，让泪水冲刷异物，切不可用手揉眼。

另外，有些父母听到孩子说眼睛痒或痛时，会**随便给孩子使用眼药水**，这也是**很危险**的，因为乱用眼药水会破坏眼球组织，轻则导致近视，重则导致失明。因此，一旦发现孩子眼部不适，应立即前往医院检查诊治。

亲子故事：近视的红太狼

青青草原电视台最近播放了一部超长的电视连续剧，红太狼天天躺在沙发上看，一看就是好几个钟头。看完电视也不睡觉，继续和好姐妹看太狼煲电话粥。几天下来，身体瘦了，视力也直线下降。

灰太狼抓了一个礼拜的羊，还是空手而归，尾巴上的毛还让喜羊羊给烧光了。他知道肯定又要挨平底锅砸了。他硬着头皮对红太狼说："老婆，我又失败了……"说完，伸出脑袋等着飞来的平底锅。

红太狼抬了抬眼皮，一甩手，一把平底锅就飞了过去。"当……"吓

得灰太狼一缩脖子，"嗯？怎么不疼啊？"原来，平底锅砸到了门框上。

红太狼一看没打中，就拿起平底锅对着灰太狼瞄了瞄，又甩了过去，可是又打在了门框上。"灰太狼，你不许动！"

"老婆，我没动啊……"话音没落，一群平底锅飞了过来，"当当当……"又都砸在了门上，灰太狼连动都没动，他暗自高兴：哈哈，老婆看电视把眼睛看近视了，打不着我了。

"当"好疼，怎么近视眼的老婆打着我了。灰太狼正纳闷，抬头一看，红太狼正站在身边，举着一个特大号的平底锅砸自己，吓得他连忙跪下求饶："老婆，再给我一次机会吧……"

听妈妈的话

眼睛是心灵的窗户，妈妈最喜欢看你的眼睛了。可是你却不知道爱惜这双眼睛，紧盯着电视机上的喜羊羊，一看就是一个多钟头；眼睛痒了，就用小脏手擦眼睛；还在大太阳下看漫画书。你知道吗？用不了多久，妈妈再看你的眼睛时，就得隔着一层玻璃片了。因为你戴上了小眼镜，妈妈再也不能看到你不戴眼镜时的漂亮眼睛了。

2.耳朵出事故了

孩子对什么都很好奇,他们不知道什么是危险,什么都敢尝试,把铅笔插在耳朵里装成小兔子的事情不只发生在童话里。童话故事可以重来,但孩子的耳朵却不能重新长出来。

家长要告诉孩子们,身上的任何零件都要爱惜,耳朵是用来听声音的,它不是长在身上的玩具。做家长的也要掌握一些保护耳朵的常识,指导自己和孩子善待耳朵。

不要随意给孩子掏耳朵。当你给自己掏耳朵的时候,你会觉得很舒服,可给孩子掏耳朵就不是那么一回事了。当孩子叫嚷耳朵痒时,有些妈妈会信手取来发夹、火柴棍,甚至直接用纤长的手指甲,在孩子的耳朵里盲目掏挖。这种做法是极为危险的,因为耳朵里的器官非常脆弱,极易受伤。受伤后还不容易医治,伤口还给各种有害细菌侵入身体提供可乘之机。

不要给孩子的耳朵造成外伤。耳外伤原因包括:孩子淘气时,父母盛怒之下,不分青红皂白给孩子几个巴掌;喜庆佳节,燃放的鞭炮突然在孩子耳边爆炸,巨大的气浪直冲耳道内鼓膜;游泳时,孩子一侧耳朵先撞击水面……以上外伤都会造成鼓膜破裂、穿孔、听力减退。家长要注意避免这些情况发生。

告诉孩子不要把接收噪声当成享受。有的孩子在听音乐时,喜欢把音量开得很大;有的孩子喜欢听立体声音乐,戴上耳机一听就是几个小时,无论在行走或做功课时都不愿取下。殊不知,长时间接触这些高分贝的噪声，会对内耳听觉器官的神经末梢造成不良刺激，对听力的损害很大。

不要给孩子随便用药。有些药物会对孩子的听力造成损伤。孩子伤风感冒、头痛发热时，不可胡乱用药。20 世纪 70 年代的人有很多长出了又黄又黑的"四环素牙"就是胡乱吃药的结果。错误用药连坚固的牙齿都能伤害，何况是脆弱的耳朵呢？如果这种情况发生在孩子学说话之前，孩子就有可能变成聋哑人。

所以，父母知道了可能导致孩子听力损伤的原因后，在生活中就要注意，不要随意给孩子掏耳朵，一定要掏时，就带孩子去医院请医生来处理；防止孩子耳朵进水，特别是游泳、洗头发的时候；家里不要放太响的音乐；孩子生病后慎重用药物。

此外，孩子的耳朵塞进异物也是比较常见的。遇到以下紧急情况时，父母应该学会正确处理。

食物，比如煮熟的豌豆、花生豆、玉米等，这些食物一旦塞进耳朵里很容易刺破耳膜，或者引起永久性的损伤。**如果孩子的脑袋怎么倾斜也不能使异物出来，那么父母就要马上带孩子去医院治疗**。

蜡笔最容易塞进耳朵里了，它会引起暂时性的听力减退，还会导致轻微的感染。父母千万不要尝试着自己把蜡笔抠出来，这只能使蜡笔塞得更深，明智的做法是立即请求医生的帮助。

如果昆虫飞进或者爬进孩子的耳朵里，那么**用手电筒在耳朵外面往里照就可以了**。昆虫一定会朝着灯光这一边爬过来的。或者，**往孩子的耳朵里滴几滴婴儿油**，昆虫也很容易随着油滑出来。

40

亲子故事:我是小木匠

熊猫师傅来羊村修理桌椅。看到熊猫师傅工具箱里一堆没见过的工具,喜羊羊非常好奇,跑前跑后地给熊猫师傅帮忙。熊猫师傅也很高兴,一边干活,一边告诉喜羊羊怎么用刨子,怎么用锯子。看着那些重新站起来的桌椅,喜羊羊对熊猫师傅崇拜极了。

熊猫师傅也很喜欢喜羊羊,他把夹在耳朵上的一支铅笔夹在了喜羊羊的耳朵上。"哈哈,我也成小木匠了。"喜羊羊高兴地跑到小伙伴面前显摆。

"我也要夹个铅笔!"懒羊羊拿起铅笔就往耳朵里插,一不留神,把耳朵扎破了。血流了下来,懒羊羊吓坏了,大声哭起来。哭了一会儿,又不哭了,他奇怪地摸摸自己的耳朵,"咦!我怎么听不见了?"

原来,懒羊羊把自己的耳朵扎坏了。

听妈妈的话

耳朵为什么长得像个小扇子呢?因为这样的形状可以更好地聚拢声音,从而让你听得更清楚。你能看到的部分叫耳廓,耳朵里面还有许多帮你听到声音的东西,如耳鼓、鼓膜。千万不要让别的东西进到你的耳朵里,不然,你的耳朵就会受伤,你就再也不能听到妈妈说"爱你"啦。

3.脆弱的鼻子

当气候多变,室内外温差大的时候,孩子有可能会鼻塞、咽痛、头痛、打喷嚏,这个时候,不要以为你的孩子患了感冒,就让他吃点感冒药和消炎药。其实,有可能不是感冒,而是季节性的疾病——过敏性鼻炎在捣乱呢。

孩子处在生长发育期,免疫机制还不完善,抵抗力相对较低,季节变换、冷暖交替时,很容易患上鼻炎。钢铁会因为热胀冷缩破裂,何况是布满血管的鼻子。除了季节的原因外,有时,不同体质的孩子会对不同的东西过敏,造成身体不适,长期鼻塞和张口呼吸还会影响孩子面部和胸部的发育。

预防过敏性鼻炎的发生,首先应该寻找过敏源,然后远离过敏源,避免接触毛皮、地毯、羽绒制品。**家里尽量用吸尘器清洁环境**,用负离子发生器净化空气,**经常开窗通风**,保持空气清新。尽量使用绿色环保的装修材料,还要注意让孩子加强体育锻炼,减少感冒的发生。平时要尽量不让孩子接触易产生过敏的食物或其他物品,做到防患于未然。

为了保护好鼻子,父母还要教会孩子"使用"鼻子的正确方法。

一般人习惯用手绢或纸巾捏着孩子的双鼻孔擤鼻涕,这样会造成鼻涕倒流进鼻窦,使鼻窦细菌感染,患上鼻窦炎。正确的方法应该是,**分别堵住一侧鼻孔,一个一个地把鼻涕擤干净。**

多喝白开水和果汁,使鼻分泌物软化,减少呼吸道分泌物的堵塞,若分泌量过多,可以用热水、蒸气熏鼻子。

饮食方面要注意，**少给孩子吃寒凉生冷食物**，如生冷瓜果、凉水、凉菜等，以免加重虚寒症状；避免吃一切能引起过敏性鼻炎发作的食物，如鱼、虾、蟹类食物。平时可**为孩子准备补益肺气的食物**，如鹌鹑、燕窝、木耳、银耳、柿饼、花生、核桃、百合、松子等。

最后要提醒父母的是，孩子鼻炎发作的时候，一定要注意**让孩子保暖**，不要让孩子骤然进出冷热悬殊的环境，以免加重病情。父母要多加观察，发现孩子鼻炎的征兆，尽快到正规医院的耳鼻喉科治疗。

亲子故事：沸羊羊闯祸了

懒羊羊睡觉从来不挑时候，也不挑地方，教室里、操场上、草地上，他都可以呼呼大睡。

这天，懒羊羊又在草地上睡着了。沸羊羊看到了，蹑手蹑脚地走过去，用一根草捅懒羊羊的鼻子。

"阿嚏——"懒羊羊打了个喷嚏，闭着眼睛说："秋天到了，果子该熟了……"翻了个身，又睡着了。他在说梦话呢！

沸羊羊用手捂住嘴，生怕笑出声来。好不容易不笑了，他又开始捅懒羊羊的鼻子。

"阿嚏——阿嚏——阿嚏——"懒羊羊终于醒了，看到是沸羊羊在搞鬼，生气地喊："讨厌——"那声音不像懒羊羊的，闷闷的，好像鼻子被谁捂住了。懒羊羊愣住了，突然好像明白了什么，更加大声地喊："妮吧任假鼻子通坏了（你把人家鼻子捅坏了）！"

沸羊羊吓坏了，赶紧背起懒羊羊去找村长。

村长检查后说："不是鼻子被捅坏了，是鼻子过敏了。"

听妈妈的话

　　你能听懂懒羊羊的话吗？鼻子坏了，不仅闻不到花的香味，饭菜的香味，连说话也会变得让人听不懂啊。你要保护好你的小鼻子，不然，你再喊妈妈的时候，妈妈就听不懂啦。

4.被"咬破"的牙齿

"妈妈我牙痛！"

"哎,你肯定是长了蛀牙！"

生活中经常有这样的对话,一些妈妈对此更是记忆犹新。蛀牙在医学上被称为"龋齿",它是发生在口腔内牙体上的最常见的疾病。

也许有的妈妈会说:"乳牙终归会被换掉,儿童长几颗蛀牙有什么要紧呢？"这是人们在护齿保健中的一个误区。

口腔专家指出,乳牙要引导新牙正确发育,一旦蛀牙形成,牙齿生长不健康,旁边的牙齿就会倾斜过来,造成后来发育的新牙排列不齐。而且儿童蛀牙容易引起牙根感染。对儿童蛀牙,可不能掉以轻心。

专家指出,儿童患龋齿,其罪魁祸首是一些儿童特有的生活习惯。

儿童大多数对口腔卫生不太注意,再加上儿童食品多数含糖量高,过多摄入含糖量高的食物,其残余物容易留在口腔中,这些残余物与唾液发生反应会生成酸性物质,酸性物质就会直接破坏牙齿。现在的食物精细程度高,并且不少食物中含糖,儿童尤其喜欢吃含糖的食物,吃完后也没有立即漱口的习惯。经过一段时间,蛀牙也就出现了。

另外,儿童出现明显的蛀牙症状需要一段时间,因而爸爸妈妈不太容易发现,同时一些儿童不注意生活习惯和卫生习惯,也加剧了蛀牙的出现。

儿童预防蛀牙关键要从清洁口腔和养成良好饮食习惯等方面入手。

教会孩子正确的刷牙方式,这是去除牙菌斑的有效方法。先为孩子

选购一支刷头小巧、刷毛细软、毛端圆钝并富有弹性的儿童保健牙刷，再选购一支含有氟化钠的单氟牙膏或兼含有单氟磷酸钠的双氟牙膏。牙膏中的氟化物能稳固牙面结构、促进矿化，提高抗酸能力并抑制牙菌斑。一次**用量约豌豆大**，随着年龄增长可适当增加用量，刷牙时应避免咽食牙膏。

孩子初学刷牙时，父母应做示范并耐心地指导孩子如何正确刷牙。正确刷牙的要点是：刷毛与牙面约呈 45°，顺着牙缝竖刷。上牙往下，下牙往上，咬合面前后来回刷。不能拉锯式地横刷，那样会损伤牙齿和牙龈。**每次刷牙 3 分钟，早晚各刷一次**就足够了。

给孩子合理的饮食。甜食是孩子偏爱的食品，其中含有大量的糖和淀粉，例如糖果、巧克力、饼干和糕点等。黏性大的甜食还易黏附在牙面上，为牙菌斑中的致龋菌提供了充足的养分，同时，甜食经代谢后产生的有机酸致龋性也很强。

因此，要劝说孩子**少吃甜食，尤其不要在睡前吃，睡前要刷牙**。此外，不要偏食。膳食成分应包括五谷杂粮、豆类及豆制品、奶及奶制品、鱼肉蛋禽和蔬菜瓜果。这样有利于孩子的生长发育和身体健康。

另外，父母还要定期带孩子到医院的口腔科进行检查，一般 3~6 个月检查一次，最好找儿童口腔方面的专业医生进行检查与治疗。因为儿童口腔不是成人口腔的"缩小版"，儿童口腔的医生能专业地、有的放矢地对儿童进行检查，同时能给予父母们一些合理的建议，如**不能偏侧咀嚼食物、不要偏食**、乳牙反合(俗称地包天)应尽早矫正等。同时，一旦发现有口腔疾病，如蛀牙等，应及时治疗，如果不及早进行蛀牙的治疗，会引起疼痛、肿胀、发热，影响孩子的生活与学习，还会影响孩子的牙齿、颌面部以及全身的生长发育。

儿童患蛀牙虽然影响颇多，但妈妈们也不用太担心，只要注意儿童的生活细节，及时引导，孩子就可以远离蛀牙。

亲子故事:蛀牙

村长慢羊羊在给小羊们检查口腔卫生。

"我每天都刷牙,一天刷五次,肯定没问题。"快轮到美羊羊检查的时候,她笑眯眯地跟大家这样说。

"啊——"村长引导美羊羊张大嘴巴,并用一个放大镜似的仪器探进美羊羊的嘴巴里。

突然,村长在美羊羊的两颗牙齿之间发现了一个蛀虫。

"美羊羊,你长蛀牙了。"村长肯定地说。

"不可能吧,要知道,我一天可是刷五次牙啊,怎么可能?"美羊羊有些不相信。

可是,长了蛀虫确实是事实,好在有村长的帮助,美羊羊的蛀牙很快就治好了。

听妈妈的话

还记得博物馆里的恐龙化石吗?那么多年过去了,恐龙的牙齿还那么坚固。牙齿是身体里最坚固的部分。不过,牙齿也有被"咬破"的时候。如果你吃糖吃多了,不好好刷牙,经常只用一边的牙齿吃饭,你的牙齿就会被蛀虫咬破,还会磨损。牙齿坏了,你就再也不能吃香喷喷的饭菜了。

5.健康宝宝"蹦出来"

生命在于运动。对于孩子来说,每天坚持运动比每天喝牛奶还要重要。

孩子们天生爱动,喜欢探索身边的世界。但也有些孩子不喜欢运动,那些跑几步就喘,动一动就大汗淋漓的"小胖墩"、"小豆苗",就是让父母头疼不已的"懒羊羊"。

孩子不爱运动,多半是因为孩子觉得运动不舒服,或者从事的运动不适合孩子。如果是孩子觉得不舒服,那么家长就要鼓励孩子挑战自己。鼓励的办法也很简单,挑一个孩子喜欢的游戏和孩子一起玩,然后慢慢地把游戏变成运动。比如追逐、猜谜语,输了的就要跑一圈,或者蹦一蹦。大人的办法总是比孩子多的,只要开动脑筋,一定能让孩子们喜欢上运动的。

有的孩子本来就喜欢运动,但爸爸妈妈担心孩子累着,孩子没跑几步、没蹦几下、没爬多高,就连唬带吓地赶紧让孩子停下来。长此以往,孩子就会认为运动很危险,慢慢地从爱运动变得"爱文静"了。爱是呵护,但爱也是枷锁。当孩子自己走的时候,家长们还是把手收回来,让自己爱的结晶给你更多的惊喜吧。

除了运动让孩子不舒服,还有一些孩子是被"熏陶"的结果——家长总是躺在沙发上看电视,"爸爸(妈妈)都不运动,我干吗要去跑步呢!"理所当然地,孩子也认为这样是最好的生活方式了。

所以,**作为父母,首先自己不能懒**,在家里不要只做爱训人的"慢

羊羊"，还要树立"爸爸妈妈都是热爱运动的'沸羊羊'"的形象。

其次，**要找到适合孩子个性的运动方式**。有些孩子喜欢球类运动，比如棒球、足球和网球。另一些喜欢游泳、跑步或爬山。生活中，家长不仅要关心孩子的嘴和手，还要观察孩子的眼睛看到哪里，脚迈向哪里。要观察孩子的强项和弱项，以及孩子喜欢的和讨厌的事物。让孩子尝试几种不同的运动方式，直到找到一种适合他的运动。

合理安排孩子的运动量。根据孩子的年龄和身体素质现状，制定合适的运动量。如果运动量太小，锻炼身体的效果不明显，而运动量过大，则身体健康也会受到不良影响。**开始运动的时候，可以运动量小一些，把握孩子的体能特点，日后逐渐增加。**

不是所有的孩子生来就喜欢运动，所以，**父母可以给孩子的运动创设情境**。针对孩子兴趣广泛、模仿力强、活泼好动的特点，父母可以给孩子创设各种不同的情境，如故事情境、语言情境、场地情境及想象情境，通过音乐的渲染、语言的描绘等多种形式，让孩子入景动情，从而喜欢上运动。

对小孩子来说，运动不仅指身体大肌肉的运动，还包括手指等小肌肉运动，小肌肉精细动作最适合在生活中锻炼，例如系鞋带，拿筷子等。很多生活环节，妈妈不要包办代替，不要怕孩子做不好，放手让他尝试，那些生活细节都是锻炼的好机会。

用扬长避短的方式鼓励孩子。**孩子喜欢表现自己的长项，回避自己的短项**，尤其是当他在公众场合觉得丢过面子的事情，为了维护自尊，他就是不愿意再做某些活动。这个时候不要直接刺激他和强迫他，可以换别的运动或游戏，同样能达到锻炼的目的。妈妈还可以与学校的老师密切沟通，观察孩子的心理状态，以便采取针对性的措施。

带着孩子一起运动。**父母可以和孩子在家或者在公园一起做些运动**。通常，和家人一起运动，没有教练或团队的压力，可以使孩子享受其

中的乐趣。这会给孩子树立一个榜样。如果你自己的运动只是三天打鱼两天晒网,那就很难要求你的孩子进行更多的体育运动。

让孩子充分运用新器材。一件新生事物的出现必然会引起许多人的关注,孩子对新的体育器材会产生浓烈的兴趣,"呼啦圈"、"溜溜球"、"弹跳器",曾备受孩子青睐。为了最大限度地调动孩子的运动积极性,父母可以经常购置一些价廉物美的小型运动器材,既可丰富运动的内容,又可进一步激发孩子参加运动的热情。

最后,父母要注意避免运动过程中可能对孩子造成的伤害。孩子运动的场地和器材要仔细选择。例如,地上是否有石块、钉子等异物,如有的话要及时清除。在路边玩耍时要注意来往的行人车辆,在家中玩耍时要防止高处的东西倒下压伤孩子。门窗不要装上弹簧,以免孩子的手或脚被夹伤。在和孩子一起进行多种体育活动的时候,如打棒球或网球、游泳、滑旱冰等,要给自己和孩子都做好保护措施,如必备的护膝、护腕等。

亲子故事:蛤蟆国国王学跑步

蛤蟆国国王仰慕跑得非常快的动物,四处寻找跑步高手来拜师学艺。他听说喜羊羊是青青草原上跑得最快的羊,就拜喜羊羊为师,学习跑步。喜羊羊收下了这个学生,并带着他去练习。

喜羊羊练习跑步的方法很特别,身上缠着绳子拉着巨石跑。即便这样,缺少锻炼,一身肥肉的蛤蟆国国王跑得气喘吁吁的还是跟不上。

"师傅,你……慢一点儿……跑……"蛤蟆国国王上气不接下气地对喜羊羊喊。

蛤蟆国国王刚要停下来喘口气,就看见一块巨石滚动着,离自己越来越近,他吓得声音都变了。喜羊羊没听清,头也不回地问:"你说什么?"

"轰隆隆……"巨石呼啸着滚过来,离蛤蟆国国王越来越近。蛤蟆

国国王吓坏了，迈开小短腿拼命地跑，拼尽最后的力气喊："我说，跑慢……"

话还没说完，巨石轰隆一声辗过蛤蟆国国王，蛤蟆国国王像照片一样贴在了地上。

听妈妈的话

你知道为什么杯子里的水放久了会变臭吗？因为它总也不动。你知道为什么山泉水总是那么清澈甘甜吗？因为它总是在奔跑。如果你像杯子里的水那样不运动，你也会变成"大臭宝"的。假如你像山泉水那样爱动爱跳，你就会像山泉水那样甘甜，还香喷喷的。妈妈最喜欢香喷喷的宝贝了。让妈妈喜欢你吧。

6. 小虫子，大问题

空闲时候，很多父母会带着孩子去感受大自然。孩子们在体会大自然的美好时，也容易招惹上寄生虫。

孩子身上有寄生虫，刚开始时会食欲亢进，继而会出现食欲不振，面色、指甲苍白等，这种慢性感染会影响儿童的生长发育，严重时可导致心力衰竭。鞭虫习惯生存于盲肠里，以组织液和血液为食，如果儿童感染了鞭虫，会影响生长发育。如果孩子感染了蛲虫，则会无休止挠痒痒，尤其是在晚上会抓自己的小屁股。如果侵犯到邻近器官，则会引起并发症，比如阑尾炎等。另外，长期感染寄生虫会对孩子身心健康造成恶劣影响，比如导致小儿侏儒症等。

那么，怎样才能知道孩子肚子里有没有虫呢？这不是一件容易的事，除非亲眼看到孩子大便里排出寄生虫。目前医院里多采用显微镜下涂片的办法检查大便中的虫卵，但查出率很低，因为肠道寄生虫要在排卵期才能查到虫卵，所以即便检查结果是阴性，也不能说孩子肚里没有虫。

对于父母来说，**可以这样观察孩子有无感染寄生虫**，比如看孩子是否消瘦、挑食，是否经常肚子痛（痛得不严重，以脐周为主），脸上有无圆形白斑点，白眼球上有无紫蓝色小斑点，是否因肛门瘙痒经常挠屁股。如有这些症状则可能感染了寄生虫。

为了预防孩子染上寄生虫，父母要**谨记"病从口入"**，要教导孩子**勤洗手、勤剪指甲、讲卫生**，食物要煮熟方可食用，沟渠里的水不要碰等。父母还应留意孩子的各种动作，如果孩子刚抓完屁股，也要提醒他们马上

洗手,否则屁股里的虫卵可能会被好动的孩子通过手带进肚子里。

如果怀疑孩子有寄生虫,最好立即带孩子前往正规医院寻找专科医生就诊排查。

亲子故事:灰太狼的晚餐

吃晚饭了,灰太狼一边流着口水,一边敲着桌子大声说:"老婆,快一点儿,我快饿死了！"

红太狼端着晚饭走进饭厅,对灰太狼说:"慢点儿吃。"

灰太狼一把抓起饭碗,狼吞虎咽起来。

红太狼见了,一下子抢过饭碗,放在桌上。灰太狼不知道怎么回事:"怎么啦,老婆？"

"慢点儿吃,细嚼慢咽,有利健康。"红太狼轻声说。

灰太狼立刻泪流满面,感动地说:"老婆,你对我真好,你好体贴啊！"

红太狼脸红了:"嗯。慢点吃,顺便帮我找找掉进饭里的小虫子。"

"……"

听妈妈的话

你知道吗？有个坏家伙专门和你抢饭吃,它长得很难看,吃得还很多,它把妈妈给你买的好吃的,几乎都吃掉了。它叫寄生虫,就藏在小朋友们的肚子里。怎样才能把它们赶跑呢？饭前饭后要洗手,不喝不干净的水,不用脏毛巾擦手擦眼睛。那些寄生虫一看你是个干净的孩子,它就跑了。因为,寄生虫是最讨厌干净的。

7. 小心蚊虫叮咬

天气潮湿温暖的时候,正是蚊虫繁殖迅速的时候。蚊虫叮咬会给人们带来疾病,所以蚊虫较多的春天和夏天是传染病多发的季节。为了避免蚊虫叮咬,妈妈们要教育孩子注意保持个人和环境卫生。除了教育孩子,妈妈们也可以采取一些预防措施。

躲避污染。一般来说,环境脏乱差、潮湿或有被污染水流的地方是蚊子的滋生和聚居地。尽量少带孩子去这些地方。

使用蚊帐。孩子熟睡时,正是蚊子疯狂叮咬人的时候,这时透气好的蚊帐是最安全、最有效、最环保的防蚊装备,注意**不要让孩子的身体靠近蚊帐**,否则蚊子会紧贴蚊帐叮咬孩子的。

勤洗澡、勤换衣。由于孩子的皮肤适应环境温度变化的能力较弱,容易出汗,而蚊子对人体的汗液很敏感,汗液中的乳酸对蚊子最具吸引力,所以**勤洗澡、勤换衣,保持皮肤清洁,就可减少被蚊子叮咬的机会。**

选择合适的外出时间。夏季的夜晚,人们大多喜欢带着孩子出来纳凉,但**外出的时间最好是在下午 5 点到晚上 7 点半**,因为这段时间相对比较凉快,蚊子也较少。

挑好地方。带孩子出来乘凉,白天最好选择有树荫、通风好的地方;傍晚则要找一块空旷之地,**尽量避开树木、花坛和草地。**

提早准备。对蚊子过敏的孩子,出门之前务必在身上,尤其是露在外面的头、胳膊、腿做些必要的护理。如果外出时间长,可**在身上擦些防蚊时间长的驱蚊用品**;外出时间短,可在身上擦点驱蚊花露水,也可把

它们洒在衣服上。

出门必备。孩子**外出时，尽量穿浅色的长袖衣裤**，也可全身涂抹适量驱蚊用品，回家后要给孩子冲洗干净，喷洒防蚊药水的衣物也应及时洗净，避免药物残留。对皮肤敏感的孩子而言，出门时穿浅色、轻薄又透气的长衣长裤，是最安全、环保和有效的保护方式。

孩子一旦被蚊虫叮咬了，局部皮肤会出现瘙痒或疼痛。但一些儿童，特别是有过敏体质的儿童会产生严重的反应，会出现叮痕（即平滑、突起、发红的皮肤）或硬肿。那么，孩子被蚊虫叮咬了，应当怎么处理呢？

止痒。一般性的虫咬皮炎的处理主要是止痒，可外涂虫咬水、复方炉甘石洗剂，也可用市售的止痒清凉油等外涂药物。现在，医院、药店、商场有多种治疗蚊虫叮咬的药水、药膏。可选择一两种放在家里备用，孩子一旦被蚊虫叮咬后，要立即擦上治疗蚊咬的药水。如果家里一时没有，也可因地制宜，**苏打水清洗，涂抹牙膏、仙人掌汁或芦荟汁**，都能起到消炎、消肿、止痒的作用。

防抓挠。父母要监督孩子洗手，剪短指甲，**谨防孩子搔抓叮咬处，以防止继发感染**。

防感染。孩子被蚊虫叮咬后，如果搔抓可能会引发局部感染、红肿，还会出现脓性分泌物，这时要遵医嘱给孩子内服抗生素消炎，及时清洗被叮咬的部位，涂抹红霉素软膏等。

送医治疗。对于症状较重或有继发感染的孩子，如果出现了发烧、意识不清等严重症状时，需要立即送医治疗。

亲子故事：喜羊羊变傻了

喜羊羊决心帮助懒羊羊改掉不讲卫生的毛病，所以搬到了懒羊羊家，看着懒羊羊洗澡、打扫房间。但是，懒羊羊实在是太懒了，喜羊羊一不留神，懒羊羊就躲起来睡觉。

懒羊羊家里有很多空的零食包装袋，喜羊羊让他扔掉，但懒羊羊说："不嘛，没有零食的时候，我还可以闻一闻包装袋里残留的味道，还可以解解馋呢！"喜羊羊听了，惊讶地说："懒羊羊，你的肚子比你的脑袋聪明多了！不过，这么多垃圾堆在屋子里，会生细菌和虫子的！我这两天天天被蚊子咬，都是这些垃圾闹的啊！赶快把垃圾扔掉！"

"哇……"懒羊羊拿出了看家本领，大哭起来，泪水像喷泉一样，哭声比雷声都大。

"唉……"看来，懒羊羊的毛病还真是不好改啊！喜羊羊想。

过了一个月，懒羊羊邋遢的毛病改好了，但喜羊羊却变得不聪明了，反应也慢了许多，再也不是从前那个动脑比跑步还快的喜羊羊了。

村长慢羊羊给喜羊羊做了个检查，发现喜羊羊是被蚊子"叮"傻了。原来，那些蚊子不仅喝小羊的血，还会向小羊身上"注射"寄生虫，正是寄生虫破坏了喜羊羊的大脑，喜羊羊才变得不聪明了。

听妈妈的话

蚊子最讨厌了，不仅让我们痒得难受，还让我们生病，就像喜羊羊那样。我们怎样和讨厌的蚊子战斗呢？你要帮助妈妈搞好家里的卫生，不让蚊子有在咱家定居的机会；还要帮着妈妈把飞进屋子里的蚊子打死；睡觉的时候不要把身体露在外面，不然蚊子就有机会咬你了。

8.宝宝感冒了

　　感冒是孩子最常见的疾病之一，由于孩子的免疫系统尚未发育成熟，特别容易受到感冒病毒的侵入。季节交替、温差变化大的时候，儿童经常会感冒，许多时候还会引发中耳炎、支气管炎、肺炎等，若治疗不及时，甚至会引发病毒性心膜炎、慢性肺炎等病症。

　　如何预防感冒是每个父母都很关心的话题。预防孩子感冒，父母首先要从饮食上着手。在孩子**吃食物之前，一定要让孩子先把手洗干净**。父母给孩子拿食物时，也不要赤手拿，严防经食物传播感冒。可以**让孩子多喝放入葱、姜的鸡汤，鸡汤富含蛋白质，能增强机体抵抗力**。多吃**西红柿**，西红柿富含维生素 C，能起到抵抗病毒（菌）的作用，从而预防感冒。还可以**吃大葱**，吃的时候将油烧热，浇在切细的葱丝上，再与食物拌着吃。

　　其次，要增加孩子户外活动的时间。许多父母处于安全的考虑，总是限制孩子的户外活动。其实，孩子**多一些户外活动**，增加运动量，可以让身体各个器官的机能得到提高，同时，儿童的免疫机能也会得到巩固和加强。出去玩的时候，有些父母担心孩子冻着，给孩子穿戴过厚过多，过早地穿上棉衣，结果常适得其反，更容易感冒，因此**衣服千万不要随意增或减**。当然，也**不要带孩子去人多的公共场合**。因为人多拥挤的公共场所，感冒病原体也多，尤其是医院，病患集中，细菌及病毒在空气中的浓度最高，最容易发生交叉感染。

　　再次，给孩子创造一个良好的休息环境。在孩子要去睡觉的时候，

可以让孩子**用手掬冷水清洗鼻孔和面部，上下按摩鼻翼两侧，反复多次，然后用干毛巾擦干**。这可以提高孩子对冷刺激的适应能力。每天晚上用较热的水泡脚搓脚各 5 分钟。同时，**勤晒被褥**。人们的新陈代谢会排出不少汗水和油脂，使被褥受潮，这会使被褥里的细菌、病毒繁殖生长。经常翻晒被褥，可利用太阳光中的紫外线把病菌杀死，去除水分湿气，这对预防感冒很有好处。经常**开窗睡觉**，这样就可以保持卧室内空气流通和新鲜；室内的病菌等能通过空气对流及时排出；晚间冷空气徐徐进入房间，可增强孩子对冷环境的适应能力，预防感冒。

最后，如果孩子有慢性呼吸道疾病的话，要积极带孩子治疗。据研究，患有扁桃体炎、支气管炎、鼻炎等慢性上呼吸道炎症的儿童，比一般儿童更容易患感冒。因此，这些孩子平时应该抓紧治疗。

亲子故事：疯羊病

灰太狼趁着夜黑，搭梯子翻过铁门，溜进了羊村。他悄悄地钻进了懒羊羊的家，却发现里面没羊，又钻进喜羊羊的家，还是空的。一连走了好几家，都是空荡荡的。

奇怪，这些小肥羊半夜三更地跑哪去了呢？灰太狼正奇怪，忽然发现学校的灯还亮着，连忙跑了过去，趴在窗户上往里面看。所有的小羊都在这里，一个个没精打采，还不住地咳嗽。原来，流行感冒正在羊村里肆虐，所以慢羊羊村长把所有生病的小羊都集中在学校里治疗。

一看到小肥羊，灰太狼什么都忘了——正好，省得我一个一个地抓你们啦。灰太狼高兴地想，兴奋地一把推开窗户，跳进去大声说："都给我乖乖地别动。啊哈，我灰太狼大王终于可以吃到羊肉了。"

喜羊羊早就看见灰太狼了，他叮嘱大家不要慌张，然后假装有气无力地说："你来得正好，我们得了传染病——疯羊病，反正也活不过这个星期了。与其活着受罪，还不如早点死了算了。"

"疯羊病！"灰太狼吓得一哆嗦，那可是沾上就死的病，就是老虎也挺不了一个月。

"灰太狼，你先把我吃了吧，我难受得受不了了。"喜羊羊装成虚弱的样子，慢慢地向灰太狼走过去。

"你别过来，我可不想死……我还有事，先走一步。"说完，灰太狼一溜烟地逃跑了。

"哈哈……"看到灰太狼被吓跑了，小羊们高兴地笑了。

听妈妈的话

凶狠狡猾的灰太狼也害怕生病呢！宝宝你呢？相信宝宝比灰太狼勇敢，不怕生病。不过，我们可不能因为不怕生病就不注意防病了。你一定要讲卫生，注意保暖，身体不舒服的时候一定要告诉妈妈哦。

9.难吃的药

孩子生了病,必须吃药才能好。但药不像糖那样香甜,许多孩子都不愿意吃药。这时候,有一些家长就捏鼻子、按胳膊,硬往嘴里灌,甚至还要打上两巴掌,弄得孩子大哭大叫。好不容易灌下去的药,又吐了出来。

对孩子来说,吃药是一件痛苦的事情,但又是一件非做不可的事情。这个时候,妈妈们是又着急又担心。为了使孩子养成乖乖吃药的习惯和对药品形成正确的认识,妈妈们要懂得一些技巧,这样会让小家伙们少些痛苦,也让你少些烦恼。

当孩子不愿意吃药的时候,**妈妈的态度要坚决**。要敏捷、果断地让孩子把药吃下去,还要耐心地为孩子演示吞咽动作。

妈妈要用积极的态度对待孩子吃药问题。**不要因为让孩子吃药而对他表示歉意,不要让孩子知道你也认为药很难吃**。你要高高兴兴地让孩子吃药,把吃药当做一件平常的事情。不要对他表示歉意或同情,还可以用一杯果汁犒劳他一下。

孩子拒绝吃药时,你也不要吓唬孩子。可以**利用医生的影响力**,告诉他你和医生都希望他能很快康复,并向他解释必须吃药的理由和道理。

为孩子选择适当的服药方式。药品有药片、药水和可以嚼着吃的带甜味的药丸,这些药丸便于吞咽又不影响药力。你可以**选择最方便服用的那种药**。但一定要向医生问清楚每种药的服用方法。

如果医生和药剂师允许的话,你可以把**药掺在一些食品里让孩子吃**,或在药水中加上一些牛奶或果汁,但是不要兑入太多,否则孩子喝

不完,药量就不够了。你还可以把药片碾碎,撒在一勺布丁、苹果酱或果酱上,但无论如何,不要哄骗孩子说他吃的是糖,如果他感觉上了当,下次就不会相信你了。

妈妈也可以用自然的奖励方式让孩子乖乖地吃药。当孩子把药吃下去后,你可以给他一些点心或其他东西作为奖励。如果孩子需要长期服药,你可以用漂亮的卡片写出服药时间。在日历上标出孩子服药的天数,他每吃一次药就在上面画上一颗星,这也说明吃药的日子又少了一天。

亲子故事:打针

暖羊羊成了实习护士,负责给生病的小羊打针吃药。生病的懒羊羊看到锋利的针头,看到粗大的针管,吓得脸都青了。抱着枕头说:"班长,能不能不打针啊?"

"生病了就得打针,打针好得快!"暖羊羊乐呵呵地说,尽量不让懒羊羊紧张。一边说,一边推了一下注射器,药水从针头里像喷泉一样流了出来。

懒羊羊更害怕了,"哇……"又用出了绝招——哭。

沸羊羊生气了:"怕什么啊。胆小鬼!"说完就一把抓住懒羊羊,按倒在床上,"暖羊羊,快打针啊!"

"嗯,懒羊羊,别怕,我打针不疼的。"暖羊羊说。

"啊——"懒羊羊一听这话,晕了过去。

"我还没打针呢!怎么就晕了?"暖羊羊纳闷地说。

"唉,还是吃药吧!"慢羊羊村长说。

懒羊羊立刻张开嘴,等着吃药——原来他是假装吓晕了。药片一吃下去,懒羊羊苦得直咧嘴。"这些药每天三次,吃一个星期。"暖羊羊说。一听这话,懒羊羊又喊了起来:"还是给我打针吧……"

听妈妈的话

药是很难吃的,妈妈小时候也不爱吃药,世界上没有谁喜欢吃药。不过,你能把吃药当成挑战吗? 就像超人打败怪物那样,打败苦药这个怪物! 妈妈相信,我的宝贝一定能打个大胜仗,吃掉苦药,赶走疾病!

让 孩子爱上学习

PART 3

1.没有孩子不爱学习

没有孩子是从一开始就不爱学习的，哪个小朋友在上学第一天不是兴冲冲的？可是，有的孩子上学时兴冲冲，回家时却灰溜溜的，过不多久，就对上学产生了厌烦，甚至恐惧，哭着闹着不去上学。

这时，家长们往往会想：我小时候差不多也这样。其实，想想自己在上学时，那些课本是多么刻板，老师的方法又是多么独断专行，我们背着小手，如张嘴的鸭子让老师往脑袋里塞东西。如果你敢于和孩子换位思考，你就会发现，自己的孩子有多么不容易。

从心理学角度说，人的任何行为都有动机，持续的激励产生持续的动机，反之则会有抑制行为的发生。

受当前教育体制的影响，孩子们持续学习的动力来自于对好成绩的追求，而不是兴趣。这就是为什么学习好的孩子越刻苦读书，成绩越差的孩子越逃避学习。学习好的孩子渴望将自己的良好成绩始终保持下去，正是这种渴望成了孩子前进的动力。

父母们要明白：孩子不学习的真正原因，不是他生来就厌恶学习，而是他害怕学习给自己带来的挫折感。因此，**父母对孩子应多点鼓励，少点批评；多点肯定，少点否定；多点宽容，少点苛求；多看亮点，少找不足**。

要想让孩子爱上学习，父母必须了解，孩子心情愉快时会比较喜欢学习，学得更好更起劲，因此父母指导孩子学习时要注意培养孩子愉快的学习情绪。

首先，父母应了解孩子自身的学习能力，**和孩子共同制订一个可行**

66

的学习目标,切忌因操之过急而给孩子造成压力。实现了目标要奖励,并制订更高的目标;未实现要先找原因,再采取措施。

对于学习成绩差的孩子,**要鼓励他跟自己比,而不是跟学习好的孩子比**,让孩子意识到自己的进步,鼓舞他的干劲。当然,也要帮助孩子寻找成绩差的原因并改正。家长要相信,没有学不好的孩子,只有不会教的家长。

对于学习成绩好的孩子,要鼓励其拓宽视野,**把知识学活,防止孩子变成空有高分的考试机器**——那样就真的害了孩子。

其次,父母的心情会直接影响孩子的学习情绪。因此,在帮助孩子学习时,父母一定要保持心情愉快,这种情绪会**让孩子感觉到学习本身就是一件愉快的事情**。

最后,父母如果发现孩子自身能力不及的时候,就要想办法帮助孩子解决问题,否则会使孩子对学习产生畏惧感。

亲子故事:懒羊羊的理想

新的学期开始了,小羊们高兴地坐在洒满阳光的教室里,听慢羊羊村长的第一堂课——羊羊们的理想。

"理想是目标,是方向,是我们梦想中的自己。理想会让我们干劲十足、克服困难,受到大家的尊敬和爱戴。同学们,你们的理想是什么呢?"

"我要成为医生,帮助那些生病或受了伤的动物们。"暖羊羊微笑着说。

"我要成为无敌的将军,指挥千军万马,打败灰太狼和十大恶狼。"沸羊羊气宇轩昂地说。

"我要成为美容师,让青青草原上所有的动物都更漂亮。"美羊羊说完,脸上露出了灿烂的笑容。

"我要成为科学家,揭开大自然的奥秘。"喜羊羊满脸严肃地说。

"我……我要成为睡觉大王……"懒羊羊还没说完，课堂上立刻响起一片笑声。

等笑声平息了，慢羊羊村长问懒羊羊："你为什么要成为睡觉大王呢？"

"我发现很多小羊睡不好觉，第二天没精神，还总忘东忘西。我觉得这对于羊族的未来来说非常危险。而我刚好有这个特长，随时随地都能睡着。我要研究睡觉的秘密，让所有的动物都能睡个好觉。"懒羊羊从来没有这样严肃地说过话，大家都感到很惊讶。

慢羊羊村长赞许地点了点头，然后对小羊们说："同学们，树立理想一定要和自己的特长结合起来，这样我们的理想才有基础。懒羊羊同学的理想就结合了自己的特长，他虽然不是最聪明的小羊，但他却是最务实的小羊。让我们为他鼓鼓掌吧。"

"哗……"教室里响起一片热烈的掌声。

"懒羊羊同学，"慢羊羊村长又说话了，"你知道怎样才能实现你的理想吗？你要认真学习生理学、心理学、医学、社会学、历史、化学……"

"啊！那么多啊……我可不可以换个理想啊？"懒羊羊转了转小眼睛说。

一听这话，慢羊羊村长被气得晕了过去。

听妈妈的话

宝贝，你有什么理想呢？要实现理想需要学习很多东西，哪怕你只是想成为睡觉大王。学习不仅让你更有知识，还会让你更聪明，进步更快。最重要的是，通过学习，你能独立解决问题；通过克服学习中遇到的困难，你会变得坚韧顽强。

2.爱是最好的"聪明药"

当孩子学习成绩不理想，家长找不到原因时，就会说孩子不够聪明。孩子真的不聪明吗？是家长自己放弃了，还是孩子真的有问题？有个叫周周的孩子，天生智障，却在2008年的残奥会上指挥乐队演奏，为世界所瞩目。与其抱怨自己的孩子学习不好，让自己既担心又没面子，还不如想办法让孩子聪明起来。至于那些被炒得火热的"脑发达"之类的东西，实际上远没有父母的爱更有效。

理论上讲，高智商和低智商的人各占总人数的5%，90%的人智商水平相差不大。孩子的表现不尽如人意，有可能是在孩子智力发育的关键阶段，因为种种原因给耽误了。专家指出，孩子从两岁半到九岁期间是各种能力及非智力心理发展的关键期，如果在这个年龄阶段对孩子进行系统的开发和训练，孩子将来就会很聪明。

那么，在家庭生活中父母到底应该怎样来开发孩子的智力呢？

父母的爱是最好的"聪明药"。

多与孩子交谈。语言是人类最值得骄傲的工具，而父母的语言是孩子听到的第一种语言。语言对孩子来说，是打开智力之门的第一把钥匙。通过叫爸爸、妈妈，孩子懂得这两个词是获得食物和温暖的工具；通过爸爸妈妈的话，孩子懂得哪些是可用的、可耻的、可赞扬的……不要小看了这些"平常话"，正是它们建立起孩子的思维大厦。

交谈时，父母的耐心非常重要。孩子的表达方式显然跟不上家长，甚至让家长抓狂。这时，做家长的首先要稳住情绪，否则失控的情绪会让孩子不愿意交谈。

父母同孩子交谈可随时随地进行，走到哪说到哪，看到什么说什么，还要**启发孩子去说、去表达**，以提高孩子的语言表达能力。一个能流畅地，甚至引人入胜地表达的孩子，谁能说他不聪明呢?

多拥抱和抚摸孩子，以训练孩子的交往能力。多让孩子与他人接触，多让孩子同小朋友在一起，**不要怕孩子打架受欺负**，即使是打架也有利于孩子的能力培养和智力开发，不要把孩子孤单单地放在一边不管不问。父母带孩子外出购物时，不要只从自己的角度出发，应该注意身边的孩子，引导孩子去观察、去思考。

家里摆放的东西要经常换一下位置，让孩子寻找哪里发生了变化。这对孩子的右脑开发和观察力的培养都有好处。

要训练孩子的生活能力。例如:吃饭、喝水、穿衣服、坐便盆、擦屁股、系鞋带等。

游戏和音乐是开发孩子智力的好帮手。猜拳能培养孩子的推断能力、手与脑的配合能力。"一枪打死四个"，可以提高孩子左右手协调能力，进而开发孩子的大脑……其实，开发孩子的智力并不一定要非常昂贵的玩具，只要父母有爱、有心，陪孩子玩，玩得开心，孩子就会在快乐中变得聪明。

孩子的营养也要跟得上。让孩子多吃有利于大脑发育的食物，如卵磷脂，在大豆、蛋黄和动物肝脏中含量较高。此外蛋白质是维持大脑功能正常的必需品，维生素 A、B、C 对提高抽象思维能力和增强记忆很有帮助，所以儿童也要多吃菠菜、胡萝卜和各种水果。

亲子故事:会飞的狼

灰太狼为了混过羊村的铁门,化妆成羊参加羊村的智力大赛。他没想到的是,在进入羊村时,他的脚印被喜羊羊看了出来。喜羊羊决心捉弄一下灰太狼。

灰太狼本想一进羊村就抓小羊,可是喜羊羊却用囚车把他困住了,并解释说:"这是比赛的规则,每个参赛的选手都要靠回答问题赢取早出囚车的时间,答对了就减少时间,答错了就增加待在囚车里的时间。"

"哼!我灰太狼大王是最聪明的,一定能胜利走出囚车的。"灰太狼暗想,"只要我一走出囚车,就先吃了那个最讨厌的喜羊羊。"

比赛开始了,奇怪的问题一个接着一个。灰太狼过关斩将,一路领先,只剩下最后三个问题了。

提问:为什么大象在雪地上走,身后却没留下脚印?

小羊们还在思考的时候,灰太狼抢先回答了:"大象是倒着走的。哈哈。"

提问:为什么袜子破了两个大洞还能穿?

沸羊羊抢先回答:"因为补过了。"

回答错误,加罚一分钟。这意味着,沸羊羊将在囚车里多待一分钟。

灰太狼说:"没有洞怎么能穿上袜子呢?"

正确,灰太狼奖励一分钟。

再有一分钟,灰太狼就能走出囚车了。灰太狼看着囚车外的小肥羊,口水都流下来了。

提问:如何让狼飞起来?

"哈哈……真好笑,狼怎么能飞起来呢?这个问题太愚蠢了。"灰太狼笑得肚子都疼了。

"谁说狼不能飞啊!只要在你的座椅下放个炸弹,你不就飞了吗?

呵呵……"说着，喜羊羊一脸坏笑地按下了按钮。

"炸……炸弹！"灰太狼刚反应过来，只听"轰"的一声巨响，灰太狼被炸上了天。

"可恶的喜羊羊，我一定会回来的。"天空里传来灰太狼的嚎叫。

听妈妈的话

在这个故事里，谁最聪明呢？如果喜羊羊没有发现灰太狼的诡计，那么在整个智力大赛过程中，谁是最后的冠军呢？相比较来说，还是灰太狼最聪明啊！灰太狼之所以总是输给喜羊羊，是因为他把聪明用错了地方。我的宝贝很聪明，妈妈希望你把聪明用到学习和思考上，而不是浪费到电子游戏和捉弄人上。不然，就会像灰太狼那样，在快要取得最后胜利时，被炸弹炸上了天。

3.让宝宝爱上读书

　　书是人类进步的阶梯，读书等于站在巨人的肩膀上观察世界。父母都希望孩子能从书本中获得智慧，但图书相对于电视、电脑来说，是静态的、不能互动的。所以，孩子往往喜欢看电视、打游戏，而不喜欢读书。

　　相对于其他知识传播渠道，书所传播的知识是系统的，有深度和广度的，能帮助人全面深入地了解一个问题。而电视或互联网上的信息非常丰富、生动，但也往往琐碎凌乱。面对这样的知识，人们往往会产生错觉：看过了就等于知道了。这样的错觉对孩子积累知识尤其不利——如果知识像碎砖头一样堆在孩子稚嫩的大脑里，孩子长大了，如何从知识废墟中建立自己的智慧大厦呢？

　　父母一定要培养孩子爱读书的习惯，让图书成为孩子的好朋友、好老师。这不仅可以开阔孩子的视野、扩大其知识面、陶冶其情操，还可以促进孩子的观察、分析、想象及语言表达能力的快速发展。

　　读书，与其说是一种爱好，不如说是一种习惯，只要从小培养，它就会像吃饭睡觉一样成为生活中最自然的事情。那么，父母如何培养孩子良好的阅读习惯呢？

　　为孩子树立良好的榜样。父母喜欢读书且有经常阅读的习惯，会对孩子阅读习惯的形成起到良好的促进作用。如果父母喜欢阅读，孩子就会从小模仿父母这种学习活动，从而形成早期阅读习惯。试想一下，如果父母每天下班回家就是玩扑克、搓麻将，不分黑天白夜地闹腾，将会给孩子带来什么样的影响。所以父母要放下手中的牌，和孩子一起读书。

给孩子提供良好的阅读环境。对于孩子来说，良好的阅读环境应该是安静的、优美的，相对明亮且有一定氛围的阅读场所，要尽可能避免外界的干扰。**墙壁、窗帘颜色的选择应避免过分鲜艳**，以免分散孩子的注意力，影响孩子的阅读活动。另外，在图书的选择上，应照顾到孩子思维发展的特点——具体性、形象性，尽量**选择形象生动和富有趣味性的图书**。兼顾上面几点的同时，还应结合孩子的个体差异来选择相应的图书供孩子阅读。

父母**要从孩子的认知特点和兴趣出发，为孩子精心选择适宜的读物**。孩子的阅读兴趣具有很明显的年龄差异，小学低年级儿童对童话故事比较感兴趣；中高年级对战争题材的故事、人物传记及惊险神秘的科幻故事感兴趣。家长不妨根据孩子的这些心理特点购买图书。还要**保证书籍源源不断地更新**，让孩子每个月都有新书看，这也是保持阅读兴趣持久性的一个途径。书籍除了经常更新外，还要注重图书的多样性，选择像童话类、百科知识类、历史故事、中外名著等不同系列，这样可以扩大孩子的阅读领域，拓宽孩子的知识面。

让孩子讲书给家长听。平时，父母尽可能腾出时间与孩子在一起，鼓励孩子**把书上看来的故事或知识讲给父母听**，当孩子发现自己的故事能引起父母的兴趣时，就会感到很自豪，由此激发进一步阅读的愿望。

为孩子**制订适宜的阅读规则**。孩子好奇、好动，坚持性与自控能力相对较差。因此，制订适宜孩子的阅读规则，有助于让孩子养成良好的阅读习惯，也是限制他们产生不良阅读行为的重要手段，这样做，不仅能营造良好的阅读的氛围，而且能培养孩子的规则意识，促进其社会性的发展。

帮助孩子**养成爱护图书的习惯：书要轻取轻放；阅读时轻轻地翻动；不在图书上乱涂乱画；看完后要自觉放回原处；阅读图书的过程中不能大吵大嚷**，影响他人阅读。如果是在图书馆里，借阅图书时要遵守

排队等规则。

　　总之,对于孩子来说,读书也是一种学习,这种学习的意义是不言而喻的。渊博的知识和技能能够让每一个孩子轻松自如地面对未来生活中各种各样的挑战。

亲子故事:春游的故事

　　春光明媚的时候,小羊们去春游了。嫩绿的草地,彩虹一样鲜艳的花丛,蓝蓝的天空,让小羊们的心情好极了。

　　野餐的时候,喜羊羊把一些色彩鲜艳的蘑菇扔掉了,懒羊羊却捡了起来,想吃掉这些漂亮的蘑菇。

　　"不能吃!"喜羊羊一把打掉了懒羊羊手里的蘑菇,"色彩鲜艳的蘑菇是有毒的!"懒羊羊吓得一哆嗦,赶紧把脚边的蘑菇踢得远远的。

　　"啊——"河边突然传来一声惨叫,是沸羊羊的声音。

　　"沸羊羊出事了,大家快去看看!"喜羊羊带着大家往河边跑。跑到河边一看,沸羊羊正躺在地上揉眼睛。

　　"你怎么啦?"美羊羊关心地问。

　　"河里有什么东西朝我开了一枪,打中了我的眼睛。"沸羊羊说。

　　喜羊羊小心地趴到河边往水里看了一会儿,然后轻松地说:"什么开枪啊? 是一颗水珠罢了。

　　"不可能,水怎么会把我打得这么疼啊?"沸羊羊惊讶地说。

　　"呵呵,是射水鱼。它的嘴里有个高压气囊,还有个像枪管一样的肉管。它把水含在嘴里,然后释放出高压空气,水珠就会像子弹一样飞出来,把趴在草叶上的虫子打下来吃掉。也许,它把沸羊羊当成虫子了吧,哈哈……"

　　"你怎么知道这么多啊?"懒羊羊奇怪地问。

　　"都是书上说的啊。我看了许多关于自然的书呢!"

"那你知道那只鸟叫什么名字吗？"懒羊羊指着一只漂亮的大鸟问。

"……未知鸟。"

"真厉害,这个你也知道。"

"呵呵,我不知道,所以叫未知鸟啦。"

听妈妈的话

看到了吗？书不仅能救命,还能让小伙伴们非常羡慕你。书是世界上最好的朋友,它可以让你知道很多东西,而且从来不发脾气,不和你抢玩具、抢好吃的。你和它做好朋友吧,多读书、多思考,你就会变得比喜羊羊还聪明。

4.培养孩子的注意力

孩子不认真听讲,注意力不集中,原因比较复杂——注意力的研究即使在心理学领域里也是个比较难的课题。不过,我们可以从孩子的成长过程中发现蛛丝马迹。

孩子不吃饭,家长做鬼脸,许诺更好玩的玩具,连哄带骗地让孩子吃饭。孩子终于吃下去了,家长高兴了,但是却忘了,孩子是三心二意地把饭吃下去的。吃饭尚且如此,很难想象其他事情会怎样。

注意力集中,可以调动人的全部精力克服困难、解决问题。要想培养孩子的这个能力,家长还是要以爱为先。

孩子注意力的形成虽然与先天的遗传有一定关系,但后天的环境与教育的影响更为关键。父母可以根据孩子的身心发展规律与特点,为他创造良好的教育环境,从孩子出生起就有意识地培养孩子的注意力,帮助孩子养成良好的注意品质与能力。

孩子的注意力不稳定,容易因新刺激而转移。父母应根据这一特点,排除各种可能分散孩子注意力的因素,为孩子**创造安静、温馨的物质环境**。例如,孩子玩游戏或看图书的地方应远离走廊,避免他人的来回走动影响孩子的活动;墙面布置不应过于花哨;电视、糖果等可能吸引孩子注意力的物品也应摆放在较远的位置上。

父母还应注意调整自己的言行举止,**适时地对孩子提出适当的要求,与孩子形成良好的互动模式**。例如,当孩子全神贯注地做某件事时,家长不应随意地去打扰孩子。我们经常会看到,孩子正聚精会神地玩着

积木,爸爸走过来问一问吃饱了吗;一会儿,奶奶又走过来让孩子去喝果汁;一会儿,妈妈又叫孩子帮忙去拿样东西。孩子短短几分钟的活动被大人们打断数次,时间一长,自然无法集中注意力。所以,**在孩子专心做事时,家长最好也坐下来做些安静的活动,切忌在旁边走来走去,以免打扰孩子。**

孩子在学习中遇到困难,或碰到不感兴趣的内容时,仅靠注意力是不够的,父母必须有意识地培养孩子的自我控制能力,使注意力服从于活动的目的和任务。可以通过让孩子**在一段时间内专心做一件事**,如绘画、练琴、练书法等,来培养孩子的自制力。不要一会儿做这事,一会儿又做那事。训练最好有固定的时间和固定的地点,以便形成一种心理活动的定向。

作息不定时、生活无规律是孩子注意力分散的主要原因。学习是脑力劳动,要消耗大量的脑内氧气,若望子成龙心切,整天强迫孩子长时间从事单调的学习活动,必然造成孩子大脑疲劳而精神分散。心理实验证明:3 岁的孩子注意力可维持 3 ~ 5 分钟,4 岁孩子 10 分钟,5 ~ 6 岁孩子也只有 15 分钟。因此,**要科学合理地制订孩子的作息时间,让孩子明确什么时候可以尽情地玩,什么时候必须专心完成学习任务,养成劳逸结合的好习惯。**

如果孩子在做一件事情的时候注意力不集中了,父母也不要强迫孩子一定要专注。注意力不是一朝一夕能够培养的。当孩子注意力分散时,可以适时地转移孩子的兴趣点。同时,父母还可以强化孩子的兴趣点。比如孩子喜欢飞机,就给他多安排些和飞机有关的游戏。孩子的注意力会在这些他感兴趣的事情中慢慢培养起来。

好动的孩子可以去学下棋、上思维课程,这些课程能让孩子静下心来,也有助于孩子注意力的培养。

亲子故事：羊的祖先是块糖？

课堂上，慢羊羊村长正在讲羊村的历史："羊村的祖先软绵绵引来洪水打败了黑太狼。"而此时，懒羊羊正和沸羊羊互相做着鬼脸。这一切都被讲台上的慢羊羊村长看在了眼里，他突然提问道："懒羊羊同学，请你回答，我们的祖先叫什么名字啊？"

"……叫，叫……"刚才好像听到了什么棉，懒羊羊努力回忆着，可是满脑子都是沸羊羊的鬼脸，"哈——我想起来了，叫棉花糖。"

"哈哈……"课堂上笑成了一片。沸羊羊也笑得直揉肚子。

"沸羊羊同学，你能回答这个问题吗？"慢羊羊说。

"……"沸羊羊知道自己错了，不该上课时不专心，"村长，我错了，下次我一定注意听讲。"

听妈妈的话

有时候，你会觉得老师讲课讲得很有趣，你就会听得非常专心。可是老师不会总是讲得那么有趣的，因为并不是所有的知识都很有趣。这时，你可能会不专心了。比较一下，你就会明白什么是专心和不专心了。

妈妈希望你能成为一个上课时专心听讲的孩子，无论上课的内容是否有趣。这不仅是学习的需要，也是培养你意志力的需要。你能帮妈妈实现这个愿望吗？

5.为孩子插上思考的翅膀

我国古代大教育家孔子曾说："学而不思则罔。"强调了思考的重要性。思考是孩子掌握知识的载体，要正确地理解事物、牢固地掌握知识，就必须通过积极的思考活动。只有靠积极思考得来而不是光凭记忆得来的知识，才是真正属于自己的知识。

怎样使孩子善于思考呢？儿童教育专家们认为：父母应该为孩子创造"家庭思考环境"。

孩子一般都有千奇百怪的想法，家长要针对这个特点引导孩子主动去思考问题。无论是带孩子上动物园，陪他们看书或者看电影，父母都可以不失时机地提出一些问题，激发和培养孩子的思考能力。父母在一起谈论问题时，即使孩子还很小，也会有自己的看法，父母应该**让孩子说出自己的想法**。有了"家庭思考环境"后，可以用以下方法培养孩子进一步思考的能力。

给孩子提出违背常规的问题。能提高孩子思考能力的问题是趣味性强、令人迷惑、能激发想象力、没有固定答案的问题。要激发孩子的想象力可以试试提出这类问题："要是所有汽车全部漆成黄颜色的，会有些什么好处，什么坏处？"（好处是可以降低汽车的油漆成本；坏处是在停车场难找车子。）

让孩子学会准确表述。准确表述不仅能防止误解，而且能使思考更敏锐。这里介绍一个家庭游戏：蒙住一个孩子的眼睛，让另一个孩子在两幅相似的画中挑选一幅进行描述。然后解开蒙布，让被蒙住眼睛的孩

子指认出所描述的是哪幅画。那些描述往往很模糊，孩子搞不清究竟是哪幅画。这种游戏既可教会孩子更准确地表达，又可教会孩子更细致地观察事物。

尽可能地听取不同意见。孩子大多数只顾说出自己的想法，没有耐心等待别人把话说完。由于听不进别人的意见，就容易忽略那些能开阔视野的见解。因而要引导孩子听取别人的意见。例如孩子说邻居家的小伙伴是"笨蛋"，就要让他去问问哥哥、姐姐对那个孩子的评价。这就可能使孩子看到自己未曾想到过的方面。同样，让孩子留意新闻、广播等对同一事件的种种不同分析，这对孩子学会集思广益大有好处。

培养孩子创造性思考的方法。这可以从以下几个方面努力：培养孩子"打破砂锅问到底"的习惯，**鼓励孩子凡事常问个为什么**。父母要不厌其烦地给予正确的回答。不要阻止孩子探索性的行为活动。如孩子为了看个究竟，拆卸了玩具和物品，大人不要生气、指责。**倾听孩子有意义的"瞎说"**，允许孩子有"稀奇古怪"的想法。如遇到交通堵塞的时候，孩子向父母描述他要造一种带翅膀的汽车，如何在天上飞过去时，父母也可在旁边"添油加醋"，鼓励孩子尽情发挥想象力。

亲子故事：晾衣服

羊羊们在晾自己洗的床单。

"懒羊羊真笨，连床单都不会洗。"晾好了自己干净的床单，美羊羊一扭头就看到了旁边懒羊羊没有洗干净的床单。

"这能怪我吗？我已经很辛苦地洗了一上午，"懒羊羊也很奇怪，委屈地说，"肚子都饿扁了，可污渍还是……"

"懒羊羊，你有用肥皂吗？"喜羊羊关心地问。

"哎呀，我忘记啦！"懒羊羊终于明白了。

"懒羊羊，凡事都要学会思考，要开动脑筋啊！"慢羊羊村长忍不住

教导起懒羊羊来。

"开动脑筋啊,那会很累的!"懒羊羊一本正经地回答。

为了把衣服挂上晾衣杆,矮小的懒羊羊使出全力踮着脚来挂,可一不小心把整个晾衣杆都撞翻了。

"你不会站在凳子上去晾衣服吗?"喜羊羊建议道。

"真是一个不爱动脑筋的家伙!"美羊羊小声嘀咕着。

听妈妈的话

聪明的脑袋如果不用的话,就会变得不聪明。那么,该怎么使用聪明的脑袋呢?首先要用你的眼睛去看,看看问题究竟出在哪里,必要时还要用耳朵去听、用鼻子去闻,给大脑提供尽可能多的有用消息。然后再想一想,或者看看书,有没有解决的办法。想出来了也不要着急动手,再想想有没有更好的办法。最后动手试一试,看看想出的方法是否可行。

世界上没有你解决不了的问题,只有你想不到的办法。多动动脑子,你就会发现,那些难倒你的问题其实并不难啊。

6.善待孩子的好奇心

　　著名教育家陈鹤琴曾说过："好奇是小孩子获得知识的一个主要途径。"前苏联教育家霍姆林斯基曾说："在儿童的心灵深处，都有一种根深蒂固的需要，就是希望自己是一个发现者、探究者和成功者。"

　　好奇是孩子的天性，没有了好奇心，孩子就不会对任何知识感兴趣，就只能被动地学习，而被动地学习远不如主动学习的效果好。一个充满好奇心、喜欢主动学习的孩子，总是能举一反三、触类旁通，而一个丧失了好奇心、被动学习的孩子，就会像陀螺一样，不抽就不动，甚至把已经学习的知识也忘掉。所以，做父母的一定要好好保护孩子的好奇心。

　　保持孩子好奇心的诀窍是**父母要有童心，要换位思考**。父母对孩子的好奇心不能理解，甚至表现得不耐烦，是因为孩子问的问题，父母早就都知道答案了。正如作家桑姆·金丽所说："我们的眼睛变得只盯着追求的目标，以至于对眼前的玫瑰花也不惊奇。"因此，首先要解决的问题是尊重孩子的好奇，允许他提问。

　　其次，对孩子问的问题要积极回应。一些研究表明，正是由于父母的态度使孩子感到沮丧，从而放弃了提问，孩子的好奇心也随着年龄的增长而渐渐泯灭了。因此，**切忌**"你怎么这么烦呢！""你没看我正忙着，一边玩去！""你真傻！"等伤害孩子自尊心的话语。孩子提问题的时候，你应该放下手头的事情，做出注意倾听孩子说话的姿态：弯下腰，目光注视孩子，用点头和微笑鼓励他，并且**用语言表达出对他所提出的问题的兴趣**，如"这个问题很有意思。""哦！""是吗？"等。

再次，妥善处理孩子因好奇心而导致的破坏行为。好奇引发探索，在探索未知世界的过程中，孩子就像一个摸着石头过河的盲人。**你是在孩子摔倒在水里时扶一下呢**，还是按住头让他呛水呢？善待孩子的失败吧，这些失败包括被拆坏的玩具，被毁掉的书本，甚至你最喜爱的东西。当你面对这些时，不要生气，要为孩子的积极探索而高兴。从这些失败中，你可能会发现孩子真正的兴趣所在。用失败教育孩子如何面对失败，不是很好吗？

一天，6岁的明明在阳台上玩耍时，突然心血来潮，想知道爸爸养的那些花，埋在土里的根长得什么样，于是把花连根拔了。爸爸回来以后，并没有生气，而是耐心地告诉他："这些花之所以开得这么鲜艳，全靠吸取土壤里的水分和营养，如果根离开了土壤，那就会因缺少水分和营养而枯死。"说完爸爸就让明明和他一道把这些花重新栽到花盆里。爸爸没因明明拔花而指责他，这样不仅保护了明明的好奇心，还使明明学到了知识。从此以后，明明还成了爸爸养花的好助手。

家长要学会保护孩子的创造热情。每一个孩子都是一个发明家，他们中的90%都曾想要发明某种东西，只是大部分人的热情只能维持一个星期左右。孩子的一些新想法往往只有三分钟热度，这就需要父母从小培养孩子的恒心和毅力。要善于捕捉孩子刹那间闪现出的创新思维火花，及时地给予肯定和鼓励。还要**鼓励孩子从不同角度去思考问题，用不同方法去解决问题，不要满足于一种答案**。让孩子从不断的创造中感到愉快，这样才能维持孩子恒久的创造热情。当孩子遇到困难挫折时，也要给予适当的鼓励，避免孩子因多次受挫而失去创造热情。

亲子故事：懒羊羊的十万个为什么

慢羊羊村长连续几天都坐在同一棵树下思考问题，他一思考问题，脑袋上就会长出许多草。那棵树下已经积攒了好多草了。

懒羊羊知道了，就悄悄跟在村长后面，村长一走开，他就扑过去把那些草都吃掉。过了些日子，羊羊们发现，懒羊羊变得爱问问题了："为什么天空是蓝的？""为什么我们要吃饭？""为什么下雨后有彩虹……"

喜羊羊奇怪地问懒羊羊："你怎么变成十万个为什么了？"

"我也不知道。我以前从来不为这些无聊的问题伤脑筋的，我最爱睡觉啦。羊为什么要睡觉呢？"

慢羊羊村长知道了，皱着眉头想了又想："懒羊羊，你是不是吃了那棵树下的草了？"

"是啊！村长你怎么知道的？"

"吃了我头上长的草，就会变得有很强的好奇心。我能变得这么聪明，就是因为我对什么都好奇。"

听妈妈的话

妈妈喜欢你问为什么，但有些问题妈妈也不知道答案。其实，除了问妈妈，还有一个可以回答你问题的"人"，它无所不知，没有能难倒它的问题，它就是书。另外，妈妈希望你能思考得更多，而不是问完了就结束思考。例如，你知道了水为什么会流动，就要想一想，是否所有流动的东西都是水呢？

7.给宝宝一个好记性

心理学家认为,学龄前儿童的意识是以记忆为中心的,记忆在所有的心理活动中占有优势地位。此时,是提高孩子记忆力最好的时期,因为记忆就"浮"在意识的表面。

记忆的重要性不言而喻,作为父母,帮助孩子掌握记忆的方法,对于培养孩子高超的记忆力,开发孩子无穷的潜能具有不可估量的作用。经常听到一些父母说自己的孩子记忆力不好, 当天学的东西回家就忘掉了。其实记忆力和人的其他各种能力一样,是可以经后天训练而得到提高的。古今中外,很多名人学者都很注意用各种方法来锻炼自己的记忆力。比如俄国大文学家托尔斯泰说过:"我每天做两种操,一是早操,一是记忆力操,每天早上背外语单词,以检查和提高自己的记忆力。"

那么,帮助孩子提高记忆力的方法具体有哪些呢?

教孩子要有明确的记忆目标。在学习中,要让孩子记一个单词、一个概念、一个定理、一个公式、一篇诗文,都要**先给孩子定个目标,以"必须记住"为目标来要求孩子**。不能记不记两可,记得住记不住没关系。无所谓的态度、应付差事的态度是不利于记忆的。

帮助孩子理解识记的材料。不少心理学家研究表明:孩子往往对熟悉的、理解了的事物记得很牢。培养并发展孩子的有意记忆能力是非常重要的,为此就需要用各种方法尽量帮助孩子理解所要识记的材料。**实际操作中可向孩子提出一些问题,如"鸟为什么会飞?""鸭子为什么能在水中游泳?"**等,引导孩子通过积极地思考,在理解其意义的基础上进

行记忆；对于无意义或不可能理解的材料,也要尽可能帮助孩子找出它们意义上的联系,以加强记忆。

提高孩子记忆的自信心。有的孩子在记忆之前,先有畏难情绪,担心记不住,对自己没有信心。这样,就在心理上产生了抵触,造成精神不集中,总是记不住。因此,父母对孩子智力开发的同时要注意保持孩子的自信心,要了解孩子记忆的不足之处,记不牢或记不正确的原因,耐心帮助孩子,要多给予鼓励。

运用多种感觉器官进行记忆。为了提高孩子记忆的效果,可以采用协同记忆的方法,即在孩子识记时,让多种感觉器官参与活动,在大脑中建立多方面联系,以加深孩子的记忆。实验研究表明,如果**让孩子把眼、耳、口、鼻、手等多种感官调动起来**,使大脑皮层留下很多"同一意义"的痕迹,并在大脑皮层的视觉区、听觉区、嗅觉区、运动区、语言区等建立起多通道的联系就一定能提高记忆效果。因此,应指导孩子运用多种感官来参与记忆活动。如让孩子感受春天,应尽量带孩子多看一看、摸一摸、闻一闻、尝一尝,通过眼、耳、手、鼻、口等多种感官从多方面获得感性认识。实验证明,这样会使孩子记得又快又好。

帮助提高记忆的方法很多,以下几种方法可供参考。

1.重复记忆法。通过反复阅读来巩固记忆。这种方法更适用于年幼的孩子。家长不必担心孩子对此厌恶,因为孩子本来就喜欢重复。当然,在重复的时候,可以有点变化,比如边讲故事边做手势,或者边讲故事边向孩子提问题,甚至可以让孩子接着讲或背。

2.联想记忆法。利用联想是促进记忆的有效方法之一。智力超常的儿童往往联想丰富,许多发明创造都是由联想引起的。如牛顿从苹果落地发现万有引力定律。采用联想法易于记忆,而且能减少枯燥感。

3.归类记忆法。如果把记忆比喻为知识的仓库,那么只有把知识归类,仓库才能最大限度地发挥它的贮存能力。例如,利用汉字的特点,用

基本词来带形声字,如青、清、情、晴、精,这样一组字,孩子容易记。

4.歌诀记忆法。一般有节奏押韵的作品,便于记忆。如果能充分利用孩子的机械记忆,让他们从小背一些儿歌、诗歌(要选择孩子容易理解的)对于拓宽孩子的知识面,开发智力大有好处。

亲子故事:我忘了

慢羊羊村长年纪大了,记性越来越不好了。这天,慢羊羊召集所有的小羊开会,说有极为重要的事情要宣布。小羊们急忙到会议室集合,等慢羊羊村长宣布。

"孩子们,有一件事情我要向大家宣布。"慢羊羊说,"这件事关系到羊村的命运,所以大家一定要认真仔细地听。"

"村长,什么事啊?你快说吧,我快急死了!"沸羊羊不耐烦地说。

"我要宣布的事情是……"慢羊羊村长推了推眼镜,"嗯,是……是什么呢?这件事情嘛,我突然忘记了……"

"哎呦——"全体小羊都被气晕了。

善良的暖羊羊给慢羊羊村长准备了一个记事本做备忘录,让慢羊羊村长把所有能想到的事情都记在上面。这样,一旦忘记了什么,就可以在备忘录里查到了。从这以后,慢羊羊村长的记性好像又恢复到了以前那么好了。

这天上课前,暖羊羊发现慢羊羊村长上课时没带课本,就提醒慢羊羊村长。慢羊羊村长赶紧回家取来了课本说:"谢谢,要不然,我就把课本忘在家里,没法上课了。"

"你不是有备忘录吗?"暖羊羊奇怪地问。

"哦,我忘了看备忘录了。"慢羊羊村长不好意思地回答。

听妈妈的话

　　妈妈有时候很惊讶,你竟然对动画片里的情节过目不忘。其实,你的记性相当好,好得可以记住一切。所以,不要担心自己记不住课本上的知识,记不住单词。既然一遍就能记住喜羊羊的话,当然也就能记住老师的话。只要你用心,你就一定能记住的。

8.激发孩子的创造力

孩子随时都有创造的潜力,关键是父母如何发现、引导和培养他们的创造力。

清华爱迪生——邱虹云的高科技发明引致各界商家争相投入数千万元资金。当其他人对此事啧啧称奇的时候,邱虹云的父亲并不感到意外。因为,从儿子小时候雄心勃勃地要种出满树"糖果"开始,父亲就已经预见了这一天的到来。

虹云小时候在外玩耍时常会见到农民种地的情形,他决定种一颗属于自己的树。

模仿着农民耕种的样子,他先在阳台的花盆里挖了个小坑,然后把自己最喜欢吃的糖果"种"下去,盖上土,最后还在上面撒了泡尿煞有介事地施肥。父亲是不经意间发现这件事的。父亲当然知道这棵"树"长不出糖果来,但他没有半点责备孩子天真、瞎胡闹的意思。因为他意识到,这其实就是孩子发明意识的宝贵萌芽。

从那以后,爱迪生等大发明家的故事就成了虹云听得最多的"睡前故事"。而如何有意识地引导孩子走上科研发明之路,也就成了虹云的父亲邱名丹经常思考的一件事情。

正是由于父亲小心呵护和培养邱虹云的创造意识,邱虹云才会成功。如果我们自己的孩子这样的话,我们又会怎么做呢?

心理专家称,9岁以前是儿童创造力的启蒙阶段,而2~6岁之间又是孩子创造力发展的关键期。发展心理学的研究也表明,个体的创造力

从4~7岁在有合适环境的鼓励下,是富有创造性的。这时不仅是孩子智力发展的重要时期,也是孩子个性形成和发展的重要时期。因此,父母要善于抓住时机,来培养孩子的创造力。

提高孩子的观察力。创造是从观察开始的,创造的基础在于观察。达尔文在被问到为什么能做出如此伟大的成绩时说:"我没有过人的才能,只是在精细观察的能力方面,我可能在众人之上。"

为了提高孩子的观察力,父母要引导孩子掌握正确的观察方法。首先,要有明确的观察目的,在帮助孩子确定了观察对象之后,要**鼓励孩子观察到底,不要轻易转移目标**。其次,要有顺序、有步骤地观察,如从上到下、从左到右、从外到里等。再次,要从多角度观察事物,培养孩子另辟蹊径的观察方法。最后,教会孩子**把类似的物体进行对照、比较、观察**。孩子的观察能力提高了,不仅是解放了孩子的眼睛,更是擦亮了孩子的眼睛,以后孩子的创造力发展便可转入快车道。

参与孩子创造性的游戏。创造性游戏能有力地促进孩子想象力的发展。创造性游戏包括角色游戏、结构游戏及表演游戏,玩这些游戏的过程就是创造的过程。

游戏中,一个孩子可以扮演妈妈、医生、教师、司机和警察等角色,运用自己对这些角色的认识与体验,创造性地反映他们的工作和学习。孩子在游戏中常以一种简单的材料代替多种真实的物品。如一个瓶子一会儿可以当医院里的盐水瓶,一会儿当花瓶,一会儿当热水瓶;把一些纸张塑料剪贴一下可做成小桌、小椅以及各种动物等。这种替代正是孩子创造想象的结果。

善于对孩子发问。问题是思维的起点,发问对于培养孩子的创造力是很重要的。要想激发孩子的潜能及创造力,父母必须掌握向孩子发问的形式和技巧。要善用发问的技巧,也要学会听孩子发问。因为这既有助于增进亲子关系,更可激发孩子的思考能力,同时可培养其

表达能力。

发问时，不要只问对或错这样的封闭式问题，最好依据孩子的能力,**问一些没有唯一答案的开放性问题**,如茶杯有什么用途,多少加多少等于 10 等。

父母可以参考台湾学者陈龙安总结出的**发问技巧"十字诀"**。

这"十字诀"是假、例、比、替、除、可、想、组、六、类。

"假"：就是以"假如……"的开头方式和孩子玩问答游戏。

"例"：就是多举例。

"比"：比较不同东西间的异同。

"替"：让孩子多想一想有什么是可以替代的。

"除"：用"除了……还有什么"这样的话语启发孩子。

"可"：可能会怎么样。

"想"：让孩子想象各种情况。

"组"：把不同的东西组合在一起会如何。

"六"：就是"六何"检讨策略,即为何、何人、何时、何事、何处、如何。举例来说,孩子要去郊游,就可和孩子讨论要去郊游吗？请谁一起去？何时去？为何要去？到哪里去？带什么去？问题越多元化,孩子所受到的思考刺激越多。

"类"：是多和孩子类推各种可能。

亲子故事：懒羊羊的困惑

懒羊羊常常为这个问题烦恼：我是去睡觉呢,还是去吃零食呢？为了既能吃零食又能睡个懒觉,懒羊羊来找发明家慢羊羊村长。

"什么？你想睡觉的时候吃零食！这可办不到。"村长听了这个问题,惊讶得嘴都合不拢了。

"那……能在吃零食的时候睡觉吗？"懒羊羊眨着小眼睛执着地问。

"那也办不到啊。"

"……哇……"懒羊羊大声哭起来,还满地打滚,"我就要一边吃零食,一边睡觉。你不答应我,我就一直哭!哇……啊……"

"唉——"慢羊羊村长叹了口气,对这个既懒又馋还要赖的小羊,他那聪明的脑袋也想不出什么办法,"好吧,不过你可不要后悔啊!"

慢羊羊村长想了一个晚上,又忙了一个白天,发明了一台做梦的机器,这机器能让人梦到好多好吃的。

懒羊羊美美地做了个梦,醒来后高兴地拍拍肚皮:"我吃饱了……我吃了吗?我怎么还饿啊?……村长,你骗我!"

听妈妈的话

慢羊羊村长骗懒羊羊了吗?又想睡觉,又想吃零食,这是不可能的。搞发明不能脱离实际,发明出来的东西首先要符合人们正确的要求啊。不然,就会像慢羊羊村长那样出力不讨好。

9.动手好过动脑

美国哈佛大学的一些社会学家、行为学家和儿童教育专家,对波士顿地区 456 名少年儿童所做的长达 20 年的跟踪调查发现:那些童年时学会做事、特别是会做家务劳动的人,比那些从不做事的人生活得更愉快;爱干家务的孩子与不爱干家务的孩子相比,成年后的失业率、犯罪率之比分别为 1∶15 和 1∶10;爱干家务的孩子成年后的离婚率、心理疾病患病率也比较低。

这似乎从一个方面证明了动手能力与孩子的成才有着相当密切的关系,也启发我们从更广泛的意义上去认识动手能力对孩子成长的影响。

因此,在日常生活中,只要孩子能做的、能讲的、能想的,父母都要积极鼓励他们自己做、自己讲、自己想。要培养孩子的动手能力,以锻炼孩子的手眼协调能力,促进孩子大脑的发育。动手做,还可以提升孩子的能力,培养孩子的责任感。比如说,让孩子收拾房间、整理物品,可以锻炼孩子的逻辑推理能力。一个整理房间有技巧的人,也一定是主次分明的人,做事有条不紊的人,并且能具有合乎逻辑的归类性。所以有动手能力的人,也一定是聪明能干的人。

可以让孩子动手去做的事情有很多,但是父母也需要根据孩子的生理发展特点逐步提出要求。

儿童时期,是孩子身体生长发育的关键时期,父母要在孩子的不同年龄阶段,提出相应的要求。3~5 岁的孩子,应该让他学会自己吃饭,学会按一定要求漱洗、如厕、铺床叠被,以及上床之前放好自己脱下来的

衣服、鞋袜，**学会收拾自己的玩具和小人书**等。5~7岁的孩子，可以安排一些常规性的家务劳动，如扫地、浇花、擦桌子，或是去取奶、拿报纸等。**选择孩子能胜任的事**，从孩子自我服务开始，让他获得成功，激发他进一步劳动的热情。

父母在培养孩子动手能力的时候，也需要注意为孩子创造适宜的劳动条件。孩子个子矮、气力小，最好为他提供合适的小桌椅、小脸盆、小毛巾。玩具、图书、衣服都要放置在较低的地方，以便于孩子自己取放。稍大的孩子可以为他做小围裙，**准备一些适合他们身高、体力的小扫帚、小抹布、小喷壶、小水桶、小钉锤等工具**，使孩子拥有自己的一片小天地，让孩子爱护自己的"私有财产"。

也许，孩子在开始学习动手做事情初期，往往没有头绪，费时过长，效果也不好，所以很多父母总是自己动手替孩子做完所有的事情。但是，自己的事情自己动手完成，是培养孩子良好的自我管理能力的开端，培养孩子这方面的能力，**需要父母有足够的耐心**，鼓励孩子慢慢实践，等待孩子慢慢做好，不要扼杀孩子学习的过程。

孩子做完一件事，往往希望自己的劳动成果能得到父母的认可和表扬。所以，当孩子动手完成一件事情的时候，父母就应该满足其心理需要，给予精神上的"报酬"。**赞许的微笑，亲热的拥抱，或是夸赞他"宝贝真能干"、"你扫的地比妈妈扫得干净哦"**等均是给孩子最佳的"报酬"，它会使孩子产生一种自豪感，同时也提高了劳动积极性。

培养孩子的动手能力十分重要，也并不困难。父母要从孩子小时候抓起。这样，孩子长大之后，就会具有较高的智力、创造力，就不会有高分低能的现象出现。

亲子故事：番茄炸弹

喜羊羊是班上出了名的捣蛋鬼，经常用伪装的炸弹捉弄自己的小伙伴。

懒羊羊正在睡觉，喜羊羊把伪装成苹果的炸弹丢了过去。只要懒羊羊一碰，炸弹就会炸得懒羊羊一脸番茄酱。

懒羊羊醒了，发现了苹果，抓起来就往嘴里塞。炸弹没爆炸，懒羊羊舔了舔嘴唇，奇怪地说："这苹果怎么一股西红柿的味道啊？"

喜羊羊很奇怪，这炸弹怎么没炸啊？他拿出一个看了半天也没看出原因，就顺手丢了出去。没想到扔到了慢羊羊村长的头上。

"砰！"炸弹爆炸了，炸得慢羊羊村长满身都是番茄酱。慢羊羊村长以为是血流出来了，吓坏了，大喊救命。

喜羊羊一看事情闹大了，赶紧过去解释。

慢羊羊村长生气地说："我要惩罚你，但不是因为你的调皮捣蛋，而是你的动手能力太差了，做个炸弹都做不好。想当年，我捉弄别人的时候，从来都没失手过。罚你打扫食堂一个月。"

"啊——不要啊！村长。"

听妈妈的话

捉弄小伙伴是不对的，虽然你会感到很有趣。但这种有趣的背后是，你也会成为被捉弄的对象。比捉弄小伙伴更安全也更有趣的事情是动手做一些有趣的东西，比如：利用废旧塑料瓶做个小人，利用废纸板做个小灯笼，在节日的时候送给好朋友，你的朋友会非常高兴的。

培养孩子
美好的
品德

PART4

I.改掉磨磨蹭蹭的坏习惯

时间是什么？这个问题即使是大人也未必能说清楚，更不要说孩子了。那么，该如何让孩子树立时间观念呢？

孩子对自己不喜欢做但又不得不做的事情，唯一的反抗就是磨蹭。在孩子成长过程中，没有多少事情是他们喜欢做的，成长就是磨砺的过程。所以，在家长眼里，孩子就成了最磨蹭的人。要想让孩子改掉磨蹭的习惯，树立良好的时间观念，首先就要帮助孩子克服逆反心理，让他们主动去做事情。这是最根本、最有效的办法。

珍惜时间，是在未来社会生存中必须具备的观念。要想让孩子从小就树立这样的观念，家长不妨从自己的切身感受中找方法。我们为什么会准时上下班？因为我们知道如果不守时，就会受到经济惩罚。所以，我们从不娇惯自己。

父母要改变自己娇惯孩子的行为，要让孩子为自己的磨蹭付出代价。孩子只有体会到磨蹭会给自己带来损失之后，才能够自觉地快起来。因此，让孩子为自己的磨蹭付出代价，让孩子自己去承担磨蹭的后果，不失为一个帮助孩子改掉磨蹭毛病的好方法。

比如说孩子早晨起床后磨磨蹭蹭，父母不要急，也不要去帮他，可以提醒孩子一下"再不快点可要迟到了"，如果他依然磨磨蹭蹭，不妨任由他去，不必担心孩子上学会迟到，其实我们恰恰就是要让孩子亲身体验上学迟到的后果。孩子如果真的迟到了，老师肯定会询问他迟到的原因，孩子挨了批评后，就会认识到磨蹭会给自己带来的害处，几次以

后孩子自然就会主动加快速度。

父母还可以通过制订规矩,使孩子养成按时完成任务的好习惯。比如帮孩子制订自己动手料理生活的规矩或制度,让他们形成各自的、富有特色的生活习惯。同时,**帮助孩子养成在规定时间内完成任务的良好习惯**。要有意识地培养和训练孩子,增强孩子的自我控制能力,学会排除干扰,不为无关的外界刺激而分心。

可以通过以身示范,给孩子树立惜时如金、守时有信的良好榜样。这是教育孩子、强化孩子惜时意识的有效措施。当然,父母在言传身教、以身作则的同时,应多观察孩子的行为,对良好的行为予以鼓励,对不良的行为应在让孩子辨清是非的前提下,予以教育。

排除外界的干扰,培养让孩子专心做事的习惯。有些孩子做事总是拖拉,原因是他们做事时精力不集中,容易被无关的事物所吸引。比如,正在吃饭时,桌下有只小猫走来,他们就会放下饭碗朝下看上半天;正在写作业时,忽然听到外面放鞭炮,就会丢下作业,跑去看热闹……所以,这些孩子做事往往"战线"拉得很长,效果还不一定好。针对他们这种坏习惯,父母就要注意,在孩子做事时,尽量**给孩子创造安静的环境**,排除与当时事件无关的因素,使孩子能专心做自己的事情,加快速度也保证质量,慢慢就养成了珍惜时间的好习惯。

巧用比赛的方法。在运用比赛法时,可以有以下三种方式。

让孩子自己与自己比赛。父母可以针对孩子某一个磨蹭的毛病,帮孩子设计一张自己与自己"比赛"的成绩表,首先记录下孩子做这件事的最初时间,然后记录每天实际完成这件事的时间,过几天总结一次,帮助孩子不断地提高自己。

让孩子与别的孩子比赛。父母可以与孩子一起制订一个和他的同学比谁早到学校的计划,并监督孩子实施此计划;也可以让孩子邀请同学到家里做作业,并进行比赛,看看谁做得又快又好,谁能得第一。

父母与孩子比赛。比赛的项目可以多种多样,如比一比看谁吃饭吃得快,比一比看谁衣服穿得快,比一比看谁刷牙刷得快,比一比看谁洗脸洗得快等。总之,生活中许多你希望孩子干得快的事情都可以作为游戏的项目。

亲子故事:一分钟有多长

　　"同学们,如果给你们一分钟时间,你们会干什么呢?"课堂上,慢羊羊村长给小羊们提出了这样一个问题。

　　"我会在出门前,再好好梳一梳头发。"美羊羊笑眯眯地说。

　　"哈哈,女生就是麻烦!我要是有一分钟,我会多睡一会儿。"懒羊羊说完,张开大嘴打了个哈欠。

　　"哼!懒羊羊就是懒,就知道睡觉。我要是有一分钟,我就多踢一会儿球。"沸羊羊看到懒羊羊批评美羊羊,就教训起懒羊羊来。

　　"我……一分钟有多长啊?"喜羊羊问了一个大家谁也没想到的问题。

　　"好吧,我们来看看一分钟有多长。"慢羊羊村长拿出一个大钟,"秒针转一圈,就是一分钟。我们什么都不做,直到一分钟过去。"

　　"滴答滴答……"秒针一步一步坚定地向前走着。还没走到一半,沸羊羊就坐不住了,一个劲儿地晃椅子,不耐烦地说:"一分钟怎么这么长啊!"

听妈妈的话

　　一分钟能干什么呢?妈妈一分钟能用电脑输入100个字,能做40个仰卧起坐……你在一分钟里能干什么呢?一分钟不长也不短,如果专心做、尽快做,能做好多事情。所以,不要小看一分钟,只要你足够努力,你就会用一分钟时间成为最棒的孩子呢!

2.讲礼貌的孩子受欢迎

有礼貌的孩子人人都喜欢，没礼貌的孩子大人们会说："还小嘛！"三岁看老，小时不懂礼貌，长大了就不会把礼貌当回事。无礼或缺礼的人在交际中往往很难打开局面，会错失很多机会。一个举止优雅、彬彬有礼的人，更容易交到朋友。正如一位哲人所说，那些明智的和有礼貌的人们，他们特别谦虚谨慎，从不装腔作势、装模作样、夸夸其谈、招摇过市。他们正是通过自己的行为而不是言语来证实自己内在品性的。

在孩子还小的时候，给他浇灌文明礼貌的甘露，长大后他就会成为受欢迎最多、得到援助最多的人。孩子的文明礼仪需要从小培养，否则就会形成坏习惯，一旦形成坏习惯，再改就很难了。越是懂礼貌的孩子，越能获得自由发展。

可见，文明礼貌始终是孩子应该养成的好习惯。那么，怎样来培养孩子讲礼貌的习惯呢？

给孩子做个好榜样。礼貌不是天生的，是后天培养出来的，而且孩子天生就喜欢模仿别人。所以父母在家里的时候要注意自己的言行举止，注意讲礼貌，给孩子树立一个好榜样。比如**有客人来做客的时候给予热情的招待；接受了别人的帮助以后，对别人说谢谢；在收到礼物的时候可以邀请孩子和你一起写感谢卡**等。有了你的示范，再遇到类似的情形时，孩子自然而然就会学你的做法。

净化孩子的语言环境。当父母发现孩子说脏话时，要找出孩子说脏话的"根源"，尽量让孩子远离或少接触那种不良的环境。比如，父母可

103

以**有意识地限制孩子与经常说脏话的同学来往**；也可以和老师取得联系，借助老师的力量促进其他孩子养成文明礼貌的习惯；还可以和说脏话的孩子的父母取得联系，一起帮助孩子养成文明礼貌的习惯。

教孩子学会主动打招呼。带孩子外出，**见到认识的人，教孩子说"叔叔好、阿姨好"**，除了对方赞美孩子之外，父母也要及时附和，肯定孩子"有礼貌、真乖"，这个积极的回应是对孩子最好的鼓励。然后继续督促孩子这样做。有了被夸奖这个美好的感觉激励着，久而久之，孩子见了熟人就会自觉地打招呼了。如果**孩子对陌生人也主动问好，父母一定要夸他做得好，是个受欢迎的孩子**。当然，每次进家门，要和家人打招呼，出门之前要说"再见"。

教孩子学会倾听。在家人讲话或爸爸妈妈和客人谈话时，孩子经常会有话要说。这时候要教会孩子，**当别人说话的时候要注意倾听，不能大声喧哗、也不能插嘴；平时和别人说话时，要看着对方的眼睛、认真听，不可随意走开**。如确实有事，可先拉拉大人的衣服，或以目光示意大人，得到允许后小声说出自己的想法。让孩子懂得，这样做是对他人的尊重。

不要强迫孩子讲礼貌。不要认为孩子这么小，就应该掌握在你的手里，他们有自己的个性。很多父母在孩子没有礼貌的时候强迫孩子，比如有客人来家里，孩子躲着不见人，父母就拉着孩子，拼命地让孩子向客人问好，结果以孩子大哭而告终。这样非但达不到目的，还会产生反作用。孩子不肯说，可能有很多原因，也许是害羞，也许是不明白为什么要跟客人打招呼……如果孩子就是犟着不肯说的话，父母可以暂时放弃，等到孩子平静了以后，再告诉他："这是应有的礼貌，你去别人的家里，也希望别人能够热情欢迎你呀。"让孩子设身处地地想一想，帮助他理解。

104

亲子故事：河马指路

灰太狼追小羊迷了路，在山里转了好几圈也没找到回狼堡的路。走到一个岔路口时，碰见了出来散步的河马。

"喂，大个子，去狼堡走哪条路啊？"灰太狼没好气地说。

河马看了一眼灰太狼，没说话，继续散步。

"哎，你个大个子，本大王问你话呢，为什么不回答？"

"左边走。"河马头也不回地说。

"算你聪明。"灰太狼得意地说，然后向左边的路走了过去。走啊走，走啊走，怎么路越走越难走啊！灰太狼看到前面有块"大黑石头"，就一屁股坐了上去。没想到，石头站了起来，原来是黑熊在睡觉。黑熊被搅了好梦，气得直叫："是哪个混蛋敢往我身上坐？"

灰太狼吓坏了，哆哆嗦嗦地说："黑熊大哥，您千万别生气，是河马那个大个子让我走这条路的，是他让我坐到你身上的。"

"河马！哈哈……"黑熊突然笑了起来。灰太狼被笑得莫名其妙，"大……大哥，你笑什么啊？"

"河马还真守信用。上次猜拳他输了，说要送个拳击陪练给我……"

"拳击陪练？我可不会打啊！"灰太狼说完转身就跑。

"既然来了，就陪我练练吧。看掌！"黑熊一个巴掌就扇了过来。

"啊——"灰太狼一声惨叫，被打晕在地。

听妈妈的话

灰太狼怎么会遇到大黑熊呢？那是因为他不讲礼貌，惹恼了河马，河马才把他引到大黑熊那里的啊。在生活中，你一定要讲礼貌，使用"请""你好""谢谢"等文明用语，只有这样我们才能得到别人的帮助，成为受欢迎的孩子。

3.为什么错了还不承认

勇于承认错误,是负责任的表现。

那些能抓住机会、成就事业的人,都是勇于负责的人,因为责任就是机遇。让孩子从小就主动承认错误,就是让孩子主动担当,为将来抓住机遇打基础。

东东玩溜溜球的时候,不小心撞翻了妈妈的化妆瓶。这已经不是第一次了。只听见"咣当——"一声,化妆瓶掉到了地上,摔碎了。妈妈在厨房听到了声音,着急地问东东是不是砸碎东西了,东东说没有。

可是,等妈妈忙完厨房里的事,一走到房间里就看见了地上打碎的化妆瓶。

这时,东东还像个没事儿人一样在旁边玩着溜溜球。妈妈知道,一定又是东东干的"好事"。于是妈妈就问他:"是不是你打碎的?""不是的。"妈妈连着问了好几遍,东东都不承认。"妈妈不打你,你说是不是你打碎的?"东东还是不承认。这时妈妈更生气了,抓着东东的手说:"你今天不说清楚,就别做其他事了。"东东一脸委屈的模样。

僵持了一阵子,东东还是不承认,妈妈也没有办法了,只能说:"以后再打碎东西,就不让你玩了!知道了吗?"在妈妈的命令下,东东点点头,才说了句知道了。

这样的情景是不是有时也发生在你的家里?你的孩子是不是也会像东东那样不肯认错?纵使你气急败坏,孩子还是不肯吱声。

　　这个时候，父母就应及时地给予教育并纠正，让孩子知道错误不是不可挽救的，只要改好了，就可以得到原谅。**千万不要在孩子做错事后，一味地批评、指责孩子**，这样易导致孩子产生逆反心理，以后犯错时就会总想找借口推托。

　　父母要学会控制自己的情绪，我们大人也有犯错的时候，何况是孩子呢？只要孩子从心里真正地认识到了自己的错误，给孩子一个改过的机会，何乐而不为呢！

　　要让孩子明白：犯了错误不要紧，只要能认真地分析自己错误的原因，能改正自己所犯的错误，并且**在以后的日子里不要重蹈覆辙就可以了**，可以告诉孩子，这样做爸爸妈妈不仅会原谅你，还会认为你是一个好孩子。这样孩子既认识到错误，也能树立正确面对错误的态度。

　　孩子不懂得知错就改，有可能是因为他们**缺乏是非观念、责任意识和自我控制的能力**，对自己所犯的错误认识不足，不知道生活中什么是对的，什么是错的，更不知道自己应该怎样改正错误。

　　但是，大部分父母认识不到这一点，一见孩子做错事情就大发雷霆，不问孩子是怎么想的，"劈里啪啦"就是一顿打骂，孩子往往挨了打还莫名其妙，根本不知道自己错在哪里？如何改正？所以，下次还有可能重犯，甚至"屡教不改"。

　　父母应该抓住孩子犯错的教育契机，因势利导，**让孩子认识到自己错在哪里，知道什么事情应该怎样做**，不这样做的危害是什么？明确了这件事情的正确做法，孩子以后在这方面就不会出错了。

　　要想孩子养成知错就改的好习惯，**父母要学会向孩子认错**。传统的家庭观念认为父母向孩子道歉，会丧失自己的威严，所以，不少父母为了维护作为大人的面子，即使做错了也不向孩子认错。

　　研究显示，父母向孩子认错，不仅可以融洽家庭关系，并且可以用现身说法让孩子明白每个人都会有错的时候，认错不是一件丢脸的事情。父母向孩子认错，不仅不会因为认错而丧失尊严，反而会让孩子更加尊敬家长。

亲子故事：谁把玻璃打破了？

沸羊羊、喜羊羊和懒羊羊踢足球，不小心把教室的玻璃打碎了。三只小羊吓坏了，担心会被当着所有小羊的面罚站，"那太没面子了！"沸羊羊担心地说。

"我刚才看了，教室里没人，所以没人知道是我们打碎的。"喜羊羊说。"我们不说，就不会有人知道。"懒羊羊说。

于是三只小羊建立了攻守同盟，谁也不把这事说出去。

这时，班长暖羊羊从教室里走了出来，"这是你们的吧？"说着递给他们踢到教室里的足球。

沸羊羊一见就急了，"班长，你可别说是我们干的啊！"

"班长，你要是说出去，我们就不理你了，哼……"懒羊羊气哼哼地威胁说。

"……好吧。唉……"好心的暖羊羊答应了。

"是谁打破了玻璃？"第二天一上课，慢羊羊村长就问起来。

教室里静悄悄的，三只小羊都拿眼角盯着班长。

"村长"，暖羊羊说话了，三只小羊开始拿眼睛瞪班长。

"是我干的，是我不小心把玻璃打碎的。"暖羊羊的话让三只小羊吃惊得张大了嘴巴。

"嗯，鉴于暖羊羊敢于主动承认错误，我不但不处罚她，还奖励她一个苹果。"

"啊！"懒羊羊一听，后悔得嘴一撇，心里想，还不如我承认了呢。

听妈妈的话

　　人人都会犯错误，包括妈妈。犯了错误不要紧，要紧的是你是否承认。因为只有承认错误才能改正错误。妈妈希望宝宝是一个勇于承认错误，勇于承担责任的孩子。妈妈向你保证，妈妈一定不会因为你主动承认错误而加倍惩罚你的。

109

4.关于钱财的"童事儿"

飞来横财要不要?这对成人来说都是个并不简单的问题。横财对获得者来说是福气,对失去者来说却是横祸,当用别人的灾难成就你的幸福时,你离灾祸也就不远了。拾金而昧是贪,贪能让人深陷其中而不能自拔。见小利而忘义,见大利而忘命,看似赚得沟满壕平,其实处处捉襟见肘。

如果孩子从小就知道不是自己的不去拿,并身体力行,那么他就学会了控制自己的欲望,这是终极一生也享受不尽的财富啊!

孩子年幼无知,父母需要正确引导孩子的金钱观,**告诉孩子捡到东西应该怎么办,当孩子做到了,父母要给予一定的肯定与鼓励,但是也要注意不能让孩子为了得到赞扬而故意去拾金不昧。**

曾经有个孩子,为了得到父母的赞扬,偷偷拿了家里的钱,然后告诉父母,这是自己捡到的,长此以往,孩子便养成了偷盗和说谎话的不良习惯。这对孩子的成长是不利的,所以,父母一定要正确引导,不仅要让孩子学会拾金不昧,也要学会诚实。

如何让孩子树立正确的金钱观念呢?实践出真知。首先要让孩子知道钱能干什么?带着孩子去购物时,不妨让孩子比较哪个贵,哪个便宜。让孩子亲眼看到钱包里的钱变少了,而购物车里的东西却多了。这样,孩子就明白了钱是用来换东西的。

让孩子明白等价交换的道理。贵的多花钱,便宜的少花钱,正是通过让孩子比较价格的高低,看到了花钱的多少,才能让孩子明白等价交

换的道理。

对孩子来说,明白上面的道理并不难,难的是如何控制自己"什么都想买"的冲动。家长也可以通过比较的办法,让孩子明白盲目购买的后果。

听说圆圆坐了飞机,洋洋也想坐飞机,就对爸爸说:"我想坐一次飞机。"爸爸说:"为什么不坐火车呢?""圆圆坐飞机啦,我也想坐一次。""你知道坐飞机要花多少钱吗?""不知道。""坐一次飞机,等于我们做两次火车,等于你上幼儿园一个月。想想吧,我们坐飞机两个小时花的钱,等于你在幼儿园一个月花的钱呢!""哦……""爸爸会让你坐飞机的,但不是现在,到了过春节回爷爷家的时候再坐。""好啊——"洋洋高兴地跳了起来。

对于孩子不合理的要求,家长一要解释不合理的原因,通过对比的方式帮助孩子理解;二要保护孩子的自尊心,并以延迟的方式给孩子自我思考的机会。

对于孩子自己的钱,家长要让孩子学会管理,帮助他们建立自己的储蓄计划和消费计划。比如,**给孩子一个存钱罐**,让他知道零存整取的好处,并养成储蓄的好习惯。对于把钱过多地花在零食和玩具上的孩子,家长首先要明白这是孩子的天性使然,切不可上纲上线;其次,要让孩子明白这样的消费不合适,告诉孩子还有更好的消费方式。**带着孩子用同样的钱购买一些有益的东西,让孩子自己比较两次的获益有什么不同。**

在孩子成长的过程中,家长是标杆,而不是夹板,始终要坚持这样一个原则:让孩子自己去体验。

亲子故事：灰太狼的蝴蝶结

灰太狼设计出了一对魔幻蝴蝶结，蝴蝶结听到特制的哨声后，便会变成一只大蝴蝶。谁要是把蝴蝶结扎在头发上或是绑在身上，变成蝴蝶的蝴蝶结就会扇动两只大翅膀，把他带走。

透过羊村的大门，灰太狼看到了美羊羊，于是他便吹响哨子，让蝴蝶结飞到了美羊羊的身边。

美羊羊发现了这一对漂亮的蝴蝶结："好漂亮的蝴蝶结啊！"她心动了。

美羊羊想把蝴蝶结戴在自己的头上，可是村长的教导回响在自己的耳边："捡到东西要交还给别人。"

忍住了心中的欲望，美羊羊坦然了："对，我要做一个拾金不昧的孩子，不是自己的就不要拿，捡到东西要还给别人。"

于是，她把蝴蝶结绑在了一块大石头上，并写了一份"招领启事"贴在上边。

躲在暗处的灰太狼，还以为美羊羊会抵挡不住美丽蝴蝶结的诱惑，把蝴蝶结据为己有，戴在头上了，想象着，一只羊会从天上落到自己的怀里。他喜滋滋地吹响了口哨，没想到，却被一块大石头砸了个正着。

听妈妈的话

美羊羊是怎样躲过灰太狼的陷阱的？拾金不昧不仅能让我们获得尊重，还能挽救我们的生命。所以，捡到东西一定不要据为己有，而是要想办法交还失主。无论那个东西有多么好，你有多么喜欢。如果实在找不到失主，你可以把东西交给警察叔叔，如果是在公共汽车上捡到的，就交给售票员，如果是在校园捡到的，就交给老师。

5.学习责任，学会负责

　　一个在责任面前勇于担当，负责到底的人，总是能受到机遇的青睐。因为，这样的人总是让人放心的，谁都愿意把事情交给他去做。责任对个人来讲是前进的动力，因为要负责，所以不敢懈怠；因为要负责到底，所以必须不断进步。

　　对于孩子来说，责任是他们成长的最好动力——从责任中，他们能认识到自己的不足；从责任中，他们能意识到自己与别人的不一样；也正是从责任中，他们能学会该怎样融入社会。现在的孩子在责任方面的表现有点让人担心，犯了错误找借口，出了毛病找别人……

　　为什么会这样？如果简单地归结为怕被惩罚，那么为什么孩子明知会被惩罚还会哭闹着看电视？问题的原因是，孩子只愿意承担好的"责任"。

　　其实，孩子有没有责任感并非全是孩子自己的错。父母对孩子的高期望、高投入，以及以孩子为中心的教育模式，导致孩子的责任心水平并未随着年龄的增长而增长。相反，到了小学高年级甚至初中以后，孩子的责任心，尤其是自我管理能力，反而要低于小学时期，很多孩子只知道索取而不知道奉献。

　　人活在世上，都有自己的义务和责任，孩子同样如此。为了让孩子拥有一个健康的心理和美好的未来，父母要从小培养孩子的责任感。

　　教育心理学告诉我们，要培养孩子的责任感，必须给孩子一个自己的小天地，让他能行使自己的权利，尽自己的义务，负自己的责任，不能把孩子当成自己的一部分，包办一切。

　　父母可以有意识地交给孩子一些任务,锻炼孩子独立做事的能力。随着孩子年龄的增长,爸爸妈妈要逐步教孩子:自己的事情自己做。做之前提出要求,鼓励孩子认真完成。**如果孩子遇到困难,父母可在语言上给予指导,但是一定不要包办代替,要让孩子把事情独立做完。**

　　在孩子完成一件事后,要给予公正的评价和鼓励。当孩子满手油污地做完一顿饭,也许会把油洒了一地,也许青菜没有洗净就下锅,但妈妈应看到闪光点,夸奖他:"饭菜做得挺香!"**使他相信自己有能力承担**,只要努力去做就能做好,同时要教给他今后还应该怎样做会更好,使他既看到自己潜在的能力,又看到不足之处,这样有利于帮助孩子养成积极、认真、严谨的生活态度和学习习惯。

　　父母可以时常有意识地**与孩子谈谈自己的工作,把自己完成一项任务、克服一个困难后的愉悦和成就感传达给孩子**,使孩子能具体地感受到责任意识在生活中的重要性,认识到责任固然会带来某种压力,但人总是在压力中前进,使孩子以健康的心态看待责任带来的压力。

　　此外,父母还要经常鼓励孩子勇敢地承担责任。**孩子犯了错,父母也不能急于惩罚,不妨先听听孩子的理由。**如果孩子理由充分,责任不大,父母就不宜责备,否则,会让孩子感觉不公,对父母的信任度降低,甚至混淆是非观念;如果确实错在孩子,他需要的也不是批评,而是父母的分析、指导。父母要**告诉孩子错在哪儿,该怎么正确地去做,然后,再和孩子一起商量出一个补救办法或不伤自尊的小惩罚,比如要负责在家扫地、摆筷子等,干一些他力所能及的家务活。**这些补救和惩罚能让孩子知道,自己要承担自己做任何事情或决定的后果,这有助于孩子养成负责任的习惯。

亲子故事：谁是好班长？

新的一轮班长选举开始了。小羊们都想成为班长，纷纷参加选举。沸羊羊许诺：如果自己能当选班长，将举办更多的体育活动。爱运动的小羊们一阵欢呼。

喜羊羊许诺：如果自己能当上班长，就让大家有更多的游戏时间。喜欢玩的小羊们一片欢腾，沸羊羊也伸出了大拇指。

懒羊羊转了转小眼珠说："如果我当班长，我就让大家轮流当生活委员，每个人都有机会分到自己最喜欢的青草蛋糕。"几乎所有的小羊都高兴地跳了起来。

轮到班长暖羊羊说话了："我没什么好说的。如果大家还让我当班长，我一定尽到责任，让大家学习得更好，身体更健康，思想更进步。"没有小羊说话，懒羊羊撇着嘴嘀咕说："这样的老好人，说话就会唱高调。"

就在大家填选票的时候，一发炮弹突然打在了教室的屋顶上，教室立刻着起火来。是灰太狼在开炮。所有的小羊乱成一团，争着抢着冲出门。

暖羊羊大吼一声："一个一个来，排成队，都不许乱。"慌乱的小羊们被这大嗓门镇住了，迅速安静下来，整齐、迅速地离开了教室。暖羊羊最后一个离开了燃烧的教室。然后，小羊们齐心合力打败了灰太狼。

战斗结束了，看到暖羊羊被烧焦的头发，所有的小羊都明白了，究竟谁才是最合适的班长。

"我们选暖羊羊当班长——""暖羊羊，你继续当班长吧！""我们相信你是最好的班长。"……

听到这些，暖羊羊憨厚地笑了。

听妈妈的话

宝宝,责任对你来说,就是做好你自己的事情。好好穿衣、好好吃饭、好好学习、好好地玩,把每件事都做到最好。责任对妈妈来说,就是好好地爱你,让你健康快乐地成长。让我们彼此监督,好好地承担起自己的责任吧。

6.孝敬的"潜教育"

　　孝字，"子"搀扶着"老"，也可以理解为"老"护佑着"子"，子扶老因为感谢老的护佑。当人奋斗了一辈子，为后代开辟一条道路，就应该得到他人的尊敬。感受了来自老一辈的恩泽，我们要更加努力，不辜负这份恩泽，这样才能让这份感受泽被后世，让人们在前人的护佑下克服困难、勇敢前行。

　　对于孩子来说，孝首先是从父母那里学来的，其次来源于敬畏——这是所有小动物生存的本能。上梁不正下梁歪，父母不孝，就别指望孩子会在将来孝顺。其实，父母的一举一动孩子都看在眼里，铭刻在心里：这就是标杆，爸爸妈妈总是对的，照他们这样做肯定没错！

　　孩子的教育，是一种"潜教育"，而不是一味地说教。从点点滴滴的小事入手，润物细无声地让孩子学会孝。如果父母在这方面做得不好，那在小事上就很难做好，也就很难为孩子树立一个好榜样。

　　吃苹果了，孩子首先想到的是谁？如果想到妈妈，假如爷爷奶奶在身边，妈妈不妨说："让爷爷咬一口。""让奶奶先吃。"父母以身作则，孩子自然会学到好习惯。有时候，爷爷奶奶会婉拒，不想跟孙子"抢"苹果，这时做父母的要让爷爷奶奶配合"孝"的教育，不吃也要咬一口。

　　在节假日要尽量抽时间**带上孩子去看望老人，帮老人做些家务，与老人同乐**，尽一份子女应尽的责任和义务。如此日长时久，孩子耳濡目染、潜移默化，也会逐渐养成尊敬长辈、孝敬父母的好习惯。

　　除此之外，还可以让孩子明白父母的艰辛。如今，不少孩子聚在一起,往往吹嘘自己的父母地位怎么显赫,怎么日进斗金,却不愿讲起父母真实的工作状况。事实上,很多孩子根本不知道父母从事着怎样的工作,更不知道父母的钱是何等的来之不易。由于不了解,所以不理解,也就谈不上孝敬了。在这种情况下,**有意识地把孩子带到父母的工作现场,让其亲身感受父母工作的艰辛**,以致孩子自然而然地心生敬意,这一做法常能奏效。如有可能,还可以让孩子适当地参与父母的劳动,以加深其体会。

最后,要给孩子表达孝心的机会。孩子表达孝心需要实践,如果一直没有恰当的机会,纵有满腔孝心也无从表现,久而久之,那颗孝心便被掩藏乃至泯灭了。父母不要因为担心孩子劳累、担心孩子"做不好"、担心孩子"学习分心"而不给他们表达的机会。其实,增强孩子对家庭的责任感,让他们有更多的参与家庭事务的机会,久而久之,才有可能培养出孩子的孝心,才能使孝心在孩子身上扎根。

亲子故事:最老的羊

小羊都梦想着快点长大,这样就能玩那些小孩子不能玩的游戏了。为此,慢羊羊村长发明了"成熟电饭煲",只要在里面待上一夜,第二天就会长成大人。小羊们高兴极了,充满期待地钻进了"成熟电饭煲"。

"成熟电饭煲"让小羊们一夜之间都长大了,沸羊羊强壮得像一头牛,喜羊羊长出了络腮胡子,美羊羊变得更加丰满漂亮,只有懒羊羊睡过了头,走出电饭煲时,老得都快走不动了——它在里面待得太久啦!

懒羊羊很伤心,倒不是因为自己变老了,而是因为牙齿都老得不能用了,吃不了好吃的了。其他羊们关心地说:"没关系,我们可以帮助你。"懒羊羊出门有羊搀扶,懒羊羊散步有羊看护,懒羊羊吃饭有羊专门给他做又香又容易嚼的美味青草粥。

懒羊羊感动极了,流着眼泪说:"你们真是我的好朋友!"

"我们已经不是好朋友啦！"沸羊羊说。

"为什么？"懒羊羊惊讶地说。

"你现在是羊村最老的羊，我们要尊敬你、孝敬你，因为你是我们的长辈啊！呵呵……"

听妈妈的话

我们为什么要对爷爷、奶奶、姥爷、姥姥特别好呢？因为他们给我们带来了幸福，正是他们的辛勤工作和无私奉献，爸爸妈妈才能长大，才能有你这样一个可爱的孩子。所以呢，我们要感谢他们，好吃的先让他们吃，好喝的先让他们喝，好衣服先让他们穿。

想一想，我们还有什么其他的表达我们孝心的方法呢？

7.打通孩子诚实的"经脉"

孩子为什么会撒谎？一方面，孩子觉得说假话有趣，看到别人脸上惊讶的表情，他们觉得很有成就感；另一方面，孩子害怕被惩罚，想逃避责任；还有一种可能，孩子专注于其他事情，心不在焉地说话，前言不搭后语，听起来像是在说谎。

谎言的危害在于失去信用，没有人愿意相信一个惯于撒谎的人。这一点，家长要想方设法让孩子明白。假如孩子撒谎了，家长如狂风暴雨般施以惩罚，那么孩子**可能会因为恐惧而不再撒谎，但也可能会因为恐惧而撒谎**。当然，听之任之显然也不可取。最好的办法是让孩子亲身体会到撒谎的危害。

如果经过调查，确认孩子说了谎话，聪明的父母应该将计就计，让事情顺着谎话的方向发展，并把结果引导到让孩子吃亏到惊讶的程度。

明明考试考了全班倒数第一，怕被妈妈骂，就撒谎说成绩单丢了。妈妈此前已经从老师那里知道了成绩，但仍平静地说："成绩单丢了？妈妈刚好在路上捡到一份成绩单，我们来看看这个小朋友考得怎么样如何？"

接着，妈妈把明明藏起来的成绩单盖住了名字，和明明一起研究——哪门功课考得还不错，哪门功课考得不好，为什么会有这样的结果？

看着自己的成绩单被妈妈拿在手里，明明很害怕，但看到妈妈并没有戳破谎言，心里踏实了许多，也更加耐心地听妈妈的分析。

最后，妈妈说："如果这个孩子把成绩单给妈妈，妈妈也不会生气，

120

因为天下的妈妈都爱自己的孩子。只要孩子尽全力了，即使成绩再差，妈妈也依然爱他们。"

父母的爱是治愈孩子所有毛病的最好的药。爱让人宽容，宽容要讲究方法，这方法的诀窍就是**为正确的行为打通经脉，为不好的行为修个围墙**。

有些孩子为了逃避某些事情撒谎，比如：孩子不愿去幼儿园，就会说"我肚子疼"。孩子的这类谎话，往往是恐惧心理所致，或者因为幼儿园有什么让他不舒服的地方，或者认为父母要抛弃他。父母要在了解原因之后再施以教育。

作为父母，应当认识到孩子说谎实质上是在恐惧心理支配下所采取的一种自卫措施，其错误和责任应更多地归咎于父母。父母应自省自己给孩子心理造成的影响，而不是严厉地责备、惩罚孩子，应认真**对孩子的错误行为提出批评**，使孩子认识到错误，改正不良的思想行为。

有些孩子撒谎，是因为孩子希望摆脱对父母的依赖，获得更大的独立。比如，有的孩子欺骗自己的妈妈说，学校要交钱，而拿了钱自己去买好吃的。

这时父母应**保持冷静，站在孩子的立场上思考问题，不要马上批评孩子说谎**。因为，如果让孩子感到自己被怀疑，一旦被贴上"说谎"与"不诚实"的标签，孩子的自尊心就会大为受挫，甚至破罐子破摔。这种逆反心理将会阻碍孩子与父母的沟通，甚至为孩子日后继续说谎埋下隐患。

学会**换位思考**，仔细想想孩子为什么会撒谎，然后坦诚地表明自己的态度："你这样做是不对的，我很生气。"同时，要**给孩子一个申辩的机会，让他说出自己的真心话**。当孩子认识到自己的错误时，可以给其适当的惩罚，让他明白做错事是要付出代价的。相信孩子在这样的环境中成长，说谎的可能性会越来越小。

亲子故事：会撒谎的花

自然科学课上，慢羊羊村长指着花盆里的一朵小花说："这叫天气花，它会因为天气的变化而改变颜色。当它是红色的时候，就说明未来的天气将晴朗温暖；当它变成蓝色的时候，就说明暴风雨即将来临；而当它变成橙色的时候，就说明天气将变得非常寒冷……"

羊村外的森林里，灰太狼正用窃听器偷听羊村里的动静。他也听到了天气花的事情。他自言自语地说："天气花？这倒是个非常有用的花，能用来抓羊吗……啊哈！我有办法啦！"

灰太狼在通往羊村的路上挖了一个陷阱，陷阱里是一种胶水，只要有雨水浇上去，这种胶水就会变得像水泥一样坚硬。然后，他趁天黑时潜入羊村，把天气花染成了红色。

第二天是星期天，小羊们本想出去玩。可是满天的乌云告诉他们，今天将会下雨。就在大家叹气的时候，沸羊羊高兴地说："天气花是红色的，今天天气一定会非常好。我们出去玩吧。"小羊们高高兴兴地跑出去玩了。

灰太狼眼看着小羊们离陷阱越来越近，高兴得手舞足蹈。就在小羊们要踩到陷阱的时候，天空响起了雷声，紧接着就下起了瓢泼大雨。小羊们赶紧往回跑。灰太狼眼看着到嘴的小羊又跑回了羊村。

"该死的老天爷，你就不能等他们掉到陷阱里再下雨吗？"灰太狼气得直跳，一不小心，掉到了陷阱里。胶水在雨水的作用下，不仅黏住了灰太狼，还硬得像水泥一样，把灰太狼紧紧地"锁"在了陷阱里。雨水一个劲地往陷阱里灌，转眼就把灰太狼淹没了。

小羊们被雨淋成了"落汤羊"，气得大骂天气花。沸羊羊生气地拿起棍子，恶狠狠地想把天气花敲碎："你这个爱撒谎的天气花，看我怎么教训你。"说完，他抡起棍子，"砰"地一下把天气花的花盆打碎了。

天气花落到了室外，掉进了雨水里。

雨水洗掉了灰太狼染的红色，变成了蓝色。

沸羊羊惊呆了，"这花也怕挨揍啊！我刚打了一下，它就立刻变颜色了！"

听妈妈的话

天气花撒谎了吗？是谁撒谎了呢？无论是谁撒谎，他们都受到了惩罚。没有人会喜欢撒谎的人，一旦失去了诚信，那么这个人就会失去很多。因为人与人是靠信任才生活在一起的。假如妈妈不相信宝宝了，宝宝说饿了，妈妈也不相信，不给宝宝饭吃，那多么让人伤心啊！

8.勤奋孩子的"懒妈妈"

"业精于勤,荒于嬉。"勤奋是成功的第一美德,没有了勤奋,天才也会变成蠢材。家长都懂得这个道理,也想教会孩子这个道理,并希望孩子能身体力行。不过,对孩子来说,勤奋可是个苦差事,那么,该如何培养出孩子勤奋的美德呢?

首先对孩子要严格要求。家长是孩子的第一个老师,孩子把家长奉若神明。如果家长把要求的门槛提高,孩子也会"水涨船高"。只有家长提出勤奋的高要求,孩子才会做出勤奋的好成绩。

孩子最突出的不勤奋就是半途而废,即使做游戏也是如此,一旦觉得没有兴趣了就去玩别的。比如,有的孩子玩呼啦圈,转了几圈转不好,就放弃了。这时,家长可以提高标准,让孩子多转几圈,能转五圈的就让孩子转八圈,能转八圈的就让孩子转十圈,做不到也要继续做,直到做到为止。在练习的过程中,**让孩子以"破纪录"为乐趣**,并不断提高要求。这样,孩子就有兴趣勤奋下去。最为关键的是,家长要有"高标准,严要求"的意识。家长可以以游戏的形式激发孩子的"勤奋热情"。

洋洋练习呼啦圈只能转五圈,再多了就转不了了。虽然老师布置了作业,让洋洋勤奋练习,但他总也不练。

爸爸对洋洋说:"你能像世界冠军那样打破自己的纪录吗?"

洋洋说:"能!"

"好,我们今天试一下,看看你能不能超过五个?"

在成为"世界冠军"的诱惑下,洋洋起劲地转了起来。意料之中的,洋

洋还是不能超过五个。爸爸就告诉他身体该怎样运动,还拍手鼓励他。

洋洋又练习起来,得到了指导,他这次转了六个。

爸爸高兴地对洋洋说:"你打破纪录了! 让我们击掌庆祝吧! "

洋洋高兴地蹦起来和爸爸击掌。

"你能再次打破自己的纪录吗? "

"能啊! "

"这次你能转几个呢? "

"十个。"

"还是八个吧,我们一点一点来。"

"……好。"

转到六个,呼啦圈又掉了。爸爸鼓励洋洋继续。转到五个,呼啦圈掉了,洋洋有些灰心。爸爸说:"你停下来想一想,你是怎么转到六个的? "

洋洋蹲着想了一会儿,又开始转,这次转到了七个。爸爸和洋洋再次击掌。洋洋更有信心和兴趣了,继续练习。五圈,六圈,六圈,五圈,始终没有到七圈。

"我不想练了。"洋洋撅着嘴说。

"不行,你一定要练下去。你一定能做到的。"爸爸坚决地说。

洋洋又开始练,这次一下子就转到了十圈。爸爸把洋洋抱了起来,还转了个圈:"洋洋打破纪录喽! 你已经超过你的纪录两倍啦! "

严格要求让洋洋取得了他自己也想象不到的进步。在成绩的鼓励下,洋洋爱上了呼啦圈,从此勤奋地练习,转得越来越多,越来越好。

这是笔者生活中的一个实例。除了严格要求外,笔者还帮助孩子树立了一个踮踮脚就能实现的目标。这是让孩子勤奋起来的另一个必不可少的因素。

勤奋必须有所指向,不然就会浪费精力。设计目标要符合实际,循序渐进。一个原则是,要始终让孩子因为勤奋获得动力,获得鼓舞,"以

战养战"。严格要求和设立目标要配合起来,一方面家长不能要求孩子完成脱离实际的目标,同时也要小心孩子好大喜功。提高要求的方式应该是一点一点地加上去的,而不是火箭一样蹿上去的。孩子受到鼓舞之后,会头脑发热地提出不切实际的目标,这时家长要降低标准,以孩子勉强能做到为标准。只有做到目标和要求的和谐,孩子才会觉得勤奋练习是有意义的,才会慢慢主动勤奋起来。

有时候,孩子就是不愿意练习。如果不是因为健康原因,而只是态度问题的话,家长就要态度坚决,绝不让步,一定让孩子做到。等到孩子做到了之后,再告诉他:你已经证明了你自己的能力,你能做到,开始时你只是害怕罢了。看看,它现在还有那么可怕吗?**用事实说话,比家长发脾气、打骂更有效**。这也是培养孩子坚韧不拔精神的一个好方法。

在培养孩子勤奋美德的过程中,监督、欣赏与鼓励是不可或缺的。

在上面那个实例中,爸爸一直参与其中,督促、指导、鼓励、奖励。爸爸的作用好比河堤,引导孩子把思想和精力专注于练习上,还帮助孩子解决问题。还有一个比较关键的问题,那就是家长千万不要在孩子受到挫折时教训孩子,"白痴"、"蠢货"等类似的话千万不要说出来。这只能证明家长没有耐心,没有能力。试想,家长都失去了耐心,孩子还能有耐心、有动力练习下去吗? 在孩子挑战自我的过程中,家长应当是加油站,而不是泄气筒。

父母要**抓住适当的时机,关注和承认孩子的努力**,比如"**我喜欢你努力**"、"**我欣赏你的投入、能够津津有味地去做这件事**",这比一味关注孩子的分数,"这件事完成了吗?"更有利于孩子的成长。

以上的方法,适合让孩子被动学习勤奋。现代社会生活节奏非常快,家长往往没有时间陪孩子完成这样的练习。这并不是说家长就没有办法了,相反的,在家庭生活中,**父母可以适当地"懒"一点儿**。

这里所谓的"懒"并不是真正的要父母懒,而是**在孩子能做的事情**

126

上,父母不妨偷"懒"一下。孩子能做的就都让孩子自己去做,这样不仅有利于培养孩子勤奋的习惯,还能培养孩子的动手和自理能力。做个"懒"父母,放手让孩子自己成长,是一种高明的教子方法。

果果有一个"懒"妈妈,"懒"妈妈教育孩子自有一套方法。从果果学走路开始,摔了跤,妈妈"懒"得扶,都是果果自己爬起来;吃饭"懒"得喂,让孩子自己拿勺子吃;上幼儿园"懒"得送,让孩子自己坐车去;上学了,路程很远,妈妈除了最初几次接送她外,就再没有接送过,全是果果自己安排学习、娱乐、休息与生活,甚至连中饭也自己解决。

既然家长选择"懒",那么就要接纳孩子开始时有点让人心烦的勤奋。孩子总会犯点错误的,毕竟他还是孩子,没有学会呢。当孩子因为勤奋犯错误时,家长要多指导,多鼓励,少批评,"垂帘听政"就行了,切不可"越俎代庖"。

亲子故事:"勤奋"的懒羊羊

懒羊羊在羊村里出了名地懒惰。为了改变自己的坏名声,懒羊羊下决心改掉懒惰的毛病,还专门让小伙伴们帮助自己。

早上,他让喜羊羊叫醒他,出去跑步。可是没跑多远,懒羊羊就坚持不住了,倒在地上呼呼大睡。

课堂上,他让暖羊羊提醒自己注意听讲,可是在暖羊羊认真听课的时候,他又睡着了。

操场上,他让沸羊羊教自己学拳击,可是趁沸羊羊上趟厕所的工夫,懒羊羊就靠着大树睡着了。

小伙伴们气得直跳:"懒羊羊,就你这样,怎么能改掉懒惰的毛病啊!"

"我……"懒羊羊不好意思地低下了头,小眼珠转了转,小声地说:"我一直都很勤奋的。"

"你说什么？"沸羊羊气得抬起了拳头，"你这还算勤奋！"

"你们别生气嘛！我一直都在勤奋地睡觉啊！"懒羊羊慢条斯理地说。

"哎呦！"小伙伴们气得晕了过去。

听妈妈的话

什么是勤奋呢？爸爸早出晚归地工作，给宝宝挣钱买好吃的和好玩的；妈妈早起晚睡，给宝宝做饭洗衣服。爸爸妈妈都在为了让宝宝生活得更快乐而勤奋地劳动。懒羊羊"勤奋地睡觉"就不能说是勤奋了，因为睡觉是不能带来美好的生活的。宝宝既要勤奋地睡觉，又要勤奋地学习，还要勤奋地吃饭，勤奋地锻炼身体，勤奋地做游戏……这样才能变成一个人人都喜爱的好孩子。

9. 自立早, 担心少

我国教育家陈鹤琴先生说:"凡是孩子自己能做的事,就让他自己去做。"这不仅对培养孩子的独立性、自理能力有帮助,同时也培养了孩子的责任感,使孩子能对自己的生活、行为负责。

现代的孩子劳动情况普遍较差,一方面他们自己缺乏主动劳动的积极性,另一方面对孩子的教育普遍存在重智轻德的倾向。加之有些家长溺爱孩子,许多孩子自己应该可以去做的事都被家长包办代替了。其实许多事情,我们做家长的看起来很简单,但对孩子来说却是一种极有益的锻炼。

比如,家长不妨**让孩子自己布置房间**,怎么装饰自己的房间,怎么玩,都让孩子自己说了算。让他们清楚,那是他们自己的空间,在自己的空间里,自己是自由的,是有选择权的。

在经济条件允许的前提下,应该让孩子对为自己购买的物品进行选择;在不造成伤害的前提下,应该允许孩子坚持自己的观点和行为,并为自己的观点和行为负责。

家长要知道,孩子总是要长大的,他不可能与父母生活一辈子。如果家长总这也不撒手、那也不放心,一切都包办代替,那孩子是永远长不大的。

所以,家长要从生活自理来开始培养孩子。家长让孩子**自己能做的事情自己做。孩子自己会穿衣服了,家长就不要帮孩子穿衣服;孩子自己能整理书包了,那么,这件事情家长就不再去管**。这件事只要孩子能做了，家长就让孩子去做，绝对不提供没必要的帮助。

培养自理能力不能一蹴而就，要让孩子量力而行。要根据孩子年龄的特点，**为他们安排力所能及的劳动内容和时间**。如让**三四岁**的孩子学会照料自己的生活，**自己吃饭、漱口、洗脸、穿脱衣服**等，让**五六岁**的孩子学做一些简单的家务劳动，如**擦桌椅、扫地、洗手帕**等，让**七八岁**的孩子参加一些社会公益劳动，如**打扫环境卫生**等。孩子劳动的时间不宜过长，一般一次 20 分钟即可。

鼓励孩子多做尝试。孩子想做的事情，家长不要随便地禁止。比如孩子对电路感兴趣，那么在确保孩子懂得安全用电的常识后，我们可以**鼓励孩子进行各种尝试**。当孩子获得某种能力后，我们就让孩子承担相应的责任。孩子喜欢动手，我们就让孩子负责电器之类的维修；孩子喜欢书法，我们就让孩子写春联；孩子喜欢音乐，我们就让孩子写一首"家歌"等。

培养孩子做家务劳动的兴趣。兴趣在每个人的学习过程中占有很重要的地位，父母要时刻注意培养孩子的兴趣，发展孩子的兴趣。可以给孩子安排一些家务劳动，**通过"小小美食家"、"今天我是值日生"等游戏活动，有意识培养孩子的家务劳动能力。让孩子在家里适当地帮助父母**，这既能让孩子尝到劳动的喜悦，同时自理能力也能得到了充分的发展。

总之，培养孩子做到自己的事情自己做十分重要，其关键在于父母对孩子既要有明确的要求，又要有正确的引导。

亲子故事：蟑螂！

懒羊羊的房间又脏又乱，到处都是零食包装袋和食物残渣。沸羊羊到懒羊羊家玩，刚一进门就赫然发现，懒羊羊的脑袋上趴着一只蟑螂，"啊！蟑螂——"沸羊羊特别害怕蟑螂，一见到蟑螂就会发狂。沸羊羊发

狂了,捡起一个棍子抡起来就朝懒羊羊砸去:"打蟑螂啊!"

懒羊羊吓得一哆嗦,转身就跑:"不好啦,沸羊羊疯啦,快来羊啊!"

暖羊羊听到了,跑了进来,一把抱住发疯的沸羊羊,又一下子把沸羊羊扔到了门外。离开了懒羊羊的房子,沸羊羊立刻就恢复正常了。

"你的屋子太乱了,所以才有蟑螂,你赶快收拾一下吧。"暖羊羊说。

"才不呢,反正都会变乱的……哎呦,谁拿石头砸我啊?"一块石头从窗外丢进来,正好砸在懒羊羊的脑袋上。

"懒羊羊,你要是不把屋子收拾干净,我就和你绝交。"窗外传来沸羊羊恶狠狠的声音。

"……班长,你帮我收拾吧。"懒羊羊怕沸羊羊,只好装出可怜的样子求暖羊羊。

"村长说过,自己的事情自己做的。"暖羊羊怕自己心软,转身就跑了。懒羊羊只好自己收拾屋子。

听妈妈的话

告诉你个秘密:妈妈做的饭菜并不那么好吃,但是为什么妈妈还是吃得那么多呢?那是因为,自己做的饭菜是最香的。你现在长大了,能自己做一些事情了。所以,妈妈决定让你品尝一些自己做事的乐趣。玩具用完了,你自己送它们回家,它们会非常高兴的;起床的时候,自己穿衣服,衣服在你的小手里变得整整齐齐,也会变得很高兴,因为它们觉得自己的小主人是个很能干的孩子。想一想,还有什么你能自己做的事情呢?

提高

孩子的

交往能力

PART 5

1.交往:孩子成长的第一步

美国加州大学著名心理学家劳伦斯·哈特教授对一些孩子进行了长达十年的跟踪调查,仔细观察这些孩子的生活细节。最后的研究结果表明,那些善于与人交往的孩子智商较高,而且上学以后学习成绩一般都比较好。哈特教授通过分析认为:从小就善于交往的孩子,不仅容易融入集体,而且可以从其他人那里学到更多的知识。

交往对孩子的成长非常重要。相对于家长和老师的说教,小伙伴的话往往更有说服力。孩子们常常冷不丁地冒出一句口头禅,让家长莫名其妙,其实,那些都是在孩子中间盛传的流行语,孩子们把这些话当成某个小团体的暗号,并坚持孩子式的潜规则:只有说这样的话,才算是"我们的一员"。

孩子们都希望能有几个在思想上、学习上或者生活中"志同道合"的朋友,希望能经常从朋友那里获得鼓励、信任和支持。在与朋友们相处时,孩子们会感到与他人有一种休戚相关、安危与共的情感,从而会为这份情感做出牺牲,为他人谋利益。这对孩子战胜人类自私的本能,学会荣辱与共的美德尤为重要。

由上可以看出,交往不仅是孩子学习知识的第二课堂,也是孩子了解社会的"练兵场"。所以,必须让孩子学会交往,学会与小伙伴们相处。

那么,家长该如何培养孩子的交际能力呢?

首先,要培养孩子乐观开朗的性格。

乐观的孩子是比较受欢迎的。因此,家长首先要让孩子摆脱自卑,

帮助孩子树立信心。乐观来自良好的心态，家长平时可以鼓励孩子凡事都往好处想，教孩子每天面带微笑，出门前对着镜子整理好仪容仪表，并对着镜子笑一笑，带着愉快的心情出门。这些都能帮助孩子自信地面对同学。

家长还要教会孩子接纳别人，告诉孩子每个人是不同的，不能拿自己的标准要求别的孩子。对待别的小朋友，要采取自我约束、积极适应的态度，搞好关系。如果孩子说不喜欢某个小朋友，家长要问清为什么，鼓励孩子发现别的小朋友的优点，帮助他寻找与之相处的办法。**可以依据这样的问题帮助孩子解决困难：为什么不喜欢他呢？他有什么让你喜欢的优点吗？你有什么办法和他相处得好一点呢？**

第二，鼓励孩子多参加集体活动。

大多数孩子都喜欢集体活动，少部分爱静不爱动的孩子并非不喜欢，而是集体活动没有让他们感到乐趣。解铃还须系铃人，家长只有鼓励孩子继续参加集体活动，才能逐渐爱上集体活动。

在集体活动中，家长**应教育孩子多干事，少指挥**，以免引起其他小朋友的反感。如果孩子遭到冷遇，告诉孩子不要介意，应该坚持为大家做服务，久而久之，大家就会热情起来。

对孩子来说，体育活动是集体活动中最重要的活动。体育活动不仅需要智慧和力量，也需要胆量。而胆量正是交往中必备的要素之一。**孩子一旦爱上体育运动，就会主动寻找对手**，这种寻找就是交际。

第三，鼓励孩子带小朋友来家里做客。

乐观和集体活动，帮助孩子打开了交往的大门。要想让孩子学会更多的交往知识，就要把孩子的交际行为引向深入。家长可以**鼓励孩子带小朋友回家**，并帮助孩子热情地招待小朋友，这会增加孩子的印象分，小朋友们也就愿意与孩子进一步交往了。

让孩子独自到朋友家去串门，进一步锻炼孩子的交往能力。串门做客牵涉到寒暄、交谈、问候等诸多问题。只有当孩子自己面对这些问题时，孩子才会主动考虑这些问题。

交朋友是一门学问，也是有技巧可循的，家长可以通过以下几个方面提高孩子的交往技能。

教孩子掌握基本的社交语言。很多孩子不懂得如何用语言、表情或体态去交朋友，家长可以及时给孩子教授一些交往的技巧，**让孩子学会使用礼貌用语，比如你好、谢谢等**。

教孩子友善地和他人交往。比如，**主动微笑和别人打招呼，说话时注视对方的眼睛，交谈时语调柔和**。

学会用商量的语气。比如，希望和小朋友交换玩具时，要询问"可不可以"。无意中伤害对方，要说"对不起"。

仪表要得体、干净。仪表整洁的孩子易赢得他人的喜欢，这会增强孩子的自信，增进交往兴趣。

帮助孩子寻找朋友。如果孩子已经交上了朋友，家长要及时给以强化，比如对孩子说："你有了自己的朋友，很好。应该互相关心，互相帮助。"或者说："我很想见见你的朋友，你看可以吗？"如果孩子还没有朋友，则应积极帮孩子寻找。比如让孩子与家附近的小朋友一起玩，与同事或同学的孩子一起玩，最好是同龄、近龄的。

适时与孩子讨论他们交往的情况，帮助孩子做出选择。帮孩子选择朋友有两点应该注意：一是能够合得来，二是能够优势互补。让孩子们的优点在互动过程中强化、发展，孩子们的缺点在互动过程中逐渐克服。

鼓励孩子独立解决交往中的问题。当孩子跟同龄人交往时，遇到矛盾与问题，应该**让孩子迎着问题去主动交涉，而不是回避或拖延，也不要让父母出面代为解决**。父母要有意识地引导、鼓励，设法使孩子体验到解决矛盾的成功与满足。

亲子故事：长胡子的小朋友

羊村里来了只新羊，叫得意羊羊。喜羊羊、沸羊羊和懒羊羊抱成团，不和这只外来的羊玩，因为得意羊羊长了胡子，像个大羊。"他根本不是小羊，我们才不要和大羊玩呢。"喜羊羊对两个小伙伴说。

然而，得意羊羊很懂礼貌，还讲卫生、爱学习，无论在哪里碰到喜羊羊他们，都热情地打招呼，还主动把沸羊羊踢飞的足球捡回来，帮懒羊羊收拾屋子，借给喜羊羊好看的书。三只小羊感到很奇怪，怎么"大羊"还和我们这些小羊玩到一起来呢？

"我本来就是小羊啊？我和你们一样大啊！"

"那你怎么长胡子啊？"沸羊羊奇怪地问。

"哈哈，我是山羊，我们山羊都是这样的，刚生出来就有胡子啦。"得意羊羊笑着说。

听妈妈的的话

与人交往的第一步是取得别人的信任，而信任的最大敌人是"不同"。消除与别人之间的差异，融入集体最好的办法就是帮助别人，以别人的方式说话和生活。孩子，如果你到了新学校，遇到了新同学，你该怎样和他们交上朋友呢？想一想，得意羊羊是用什么方法与喜羊羊他们交上了朋友的？

2.分享：快乐越分越多

犹太教有个安息日，在安息日这天，所有犹太教教徒必须休息，不许做任何事情。有个犹太教长老，特别喜欢打高尔夫球。在安息日这天，这个长老突然非常想打高尔夫球。于是，他不顾教规，拿起球杆到高尔夫球场打起了高尔夫。

第一杆顺利进洞，紧接着第二杆和第三杆都是一杆进洞。长老越玩越高兴，完全忘记了安息日的事情。有个天使看到了这一切，非常生气，就到上帝那里去告状。上帝答应天使惩罚这个长老。

天使和上帝默默地注视着长老。长老继续打第四杆，又是一杆进洞，接着第五杆、第六杆……第八杆，长老打得非常顺手，总是一杆就准确地把球打进了洞。

天使忍不住了，问上帝："你怎么不惩罚他啊？他就要打完了。"

上帝说："我在惩罚他啊！你接着看吧。"

长老再次挥杆，球像小鸟一样高高飞起，然后直接落进了洞里。长老高兴得手舞足蹈，他从来都没有打得这么好过，他多想有个人知道这个成绩啊！但是，他不能把这件违反安息日教规的事情告诉任何人。他变得郁郁寡欢了。

天使看到这里，恍然大悟。

分享是美德，也是快乐。因为是美德，乐于分享的人会受到尊重；因为能带来快乐，乐于分享的人会有越来越多的朋友。那些喜欢把自己的玩具贡献出来，和别的小朋友一起玩的孩子，总是有很多好朋友。相反，那些总

138

是藏着自己玩具的，还抢别人玩具的孩子，在开心之后总是落落寡欢。

要想让孩子学会交往，就一定要让孩子先学会分享。那么，该怎么让孩子学会分享呢？

第一，父母不要溺爱孩子。孩子吃独食，不愿与他人分享，是与父母的溺爱密切相关的。很多父母出于对孩子的爱，把好吃的、好玩的全让给孩子，孩子偶尔想与父母分享，父母却在感动之余，常说："我们不吃，你自己吃吧。"**长此下去就强化了孩子的独享意识，他们理所当然地把好吃的、好玩的据为己有。**

第二，要让孩子明白分享不是失去而是互利。孩子之所以不愿与人分享，是**因为他觉得分享就是失去**。父母应该理解孩子这种难以割舍的"痛苦"，要让孩子明白：分享体现了自己对别人的关心与帮助，自己与别人分享了，别人也会回报自己同样的关心与帮助，这样彼此关心、爱护、体贴，大家都会觉得温暖和快乐。

第三，经常有意地给孩子创造"分享"的情境。现在，绝大多数家庭都是独生子女家庭，孩子没有同龄小伙伴，不管什么东西，吃的、穿的、用的、玩的，都是他一个人的，因此，"什么都是我的"正是他的理解。这时，家长就要**创造机会让他和别的小朋友一起玩，假日里带孩子到亲友家去串门，请有小孩的同事、朋友带孩子到家里来做客，让孩子把自己的玩具、图书拿出来与小伙伴分享**。开始一定很困难，次数多了，孩子不仅愿意拿出玩具和大家玩，而且会很高兴。

第四，**用交换的方法让孩子学会分享**。许多孩子在公共场合玩耍的时候，总是希望自己能够独自占有所有的东西。事实上，孩子的这种行为和想法都是不好的。但是，如果父母一味地批评孩子，可能会产生反效果。遇到这种情况，父母应该**鼓励孩子与其他孩子交换自己的一些玩具或是图书，让孩子学会把东西借给别人，再向别人借东西，通过交换东西而逐渐让孩子学会与人分享。**

第五,父母还要允许孩子有自己的东西。其实每一个人都会有不愿意与别人分享的东西,孩子也一样。有些东西可能是孩子特别喜欢的,也可能是孩子认为某些重要的人送给他的礼物,这些对孩子来说有着特殊的意义,所以不愿分享。

总之,**父母在提倡孩子与人分享的同时,也要允许孩子有不和人分享的东西,而且要让孩子懂得珍惜自己的东西**。只有孩子藏好了自己的东西,他才会大方地把其他东西借给别人,才会更好地和别人分享。如果父母强迫孩子把所有的东西都与人分享,反而会激发孩子的逆反心理,让孩子做出相反的行为。

亲子故事:越分越多的东西

"同学们,什么东西越分越多呢?"课堂上,慢羊羊村长提出了一个奇怪的问题。

"细胞越分越多。"聪明的喜羊羊说。

"不对,细胞也会有分裂结束的时候。"慢羊羊村长微笑着说。

"空气。"沸羊羊大声说。

"不对,空气虽然很多,但也有分完的时候。"

"美丽的鲜花。"美羊羊想了想回答说。

"鲜花也有开败的时候啊!"

小羊们糊涂了,什么东西越分越多呢?

"……是快乐啊!"慢羊羊村长意味深长地说。"一份快乐说给别人听,就会有更多的人快乐,你和别人分享快乐,你就会更快乐,你也会有更多的朋友,因为人们都喜欢快乐啊!"

"什么东西越分越多啊……"懒羊羊刚睡醒,迷糊糊地只听见了越分越多,"能吃吗?要是能吃的话,我就再也不藏零食了。"

"哈哈哈哈……"课堂里笑声一片。

听妈妈的话

快乐是越分越多的。那么，怎样才能快乐呢？游戏的快乐会结束，因为游戏总有结束的时候；美食带来的快乐也有结束的时候，因为美食总是会吃光的。妈妈告诉你一个永远都不会结束的快乐，那就是分享。把你的玩具拿出来和其他小朋友一起玩，其他小朋友就会变得更快乐，你也会因为获得了多一份的快乐而更加快乐；把你听到的故事讲给别的小朋友，别的小朋友高兴了，你就会更加快乐。这样一来，你的快乐就会越来越多，无穷无尽了。

3.倾听：最廉价的厚礼

　　人人都希望有自己的听众，而且都不喜欢自己只是个听众。所以，越是善于倾听他人意见的人，与他人的关系就越融洽。倾听是最廉价、最有效的交际方法。日本著名企业家松下幸之助的经营诀窍之一就是"细心倾听他人的意见"。如果你感觉没有什么可以和朋友分享的，那就贡献你的耳朵，倾听朋友的述说吧。

　　在现实生活中，我们常常发现，很多孩子善于表达却不肯倾听。往往是几个孩子争着说、抢着说，你说你的，我说我的，谁也不肯听谁的，结果嚷嚷成一片，谁都没说清楚。甚至有的孩子急于表达自己，拉着小伙伴不让说，最后两个孩子打了起来。这样一来，肯倾听的孩子就显得弥足珍贵了，他也往往成为许多孩子的好朋友。

　　那么，如何培养孩子善于倾听的好习惯呢？

　　要回答这个问题，家长首先要问自己一个问题，自己有倾听孩子说话的习惯吗？常常有家长感叹地说："我说什么孩子都不肯听，孩子有什么话也不肯跟我说。"这样的家长往往就是那些没有耐心听孩子说话的家长。道理很简单：你既然不肯做我的听众，我当然就不愿意跟你说；你不听我的，我为什么要听你的。孩子也有独立的人格，虽然他年纪小，但作为人的感觉他都具备。

　　孩子没有从家长那里学会倾听，当然也就不会倾听小伙伴的话语了。由此可以预见的是，发生在家长身上的关于倾听的问题，还会在孩子的小伙伴身上重现。所以，**家长要想让孩子学会交往，自己首先就要**

学会倾听。倾听时，不要左顾右盼，一副心不在焉的样子，也不要一边干其他的事情一边听。对孩子没有表达清楚的要追问，这既显示你很重视孩子讲话，也能锻炼孩子的表达能力；对孩子的问题要及时回答，如果不知道就坦诚地说不知道。

须知，家长倾听时的所有表现，都会在孩子身上找到翻版。而你在倾听时所犯的错误，也会在孩子身上重现，不可避免地，你因此吃的亏也会在孩子身上重演。如果你肯拿出听老板讲分红时的劲头听孩子讲话，相信你的孩子就会乐于听你的话了，孩子也就会从你身上学会如何倾听了。

家长除了要教会孩子倾听，还要**教会孩子提问题**。倾听是被动地做个听众，而提问则是主动地做个好听众了。那些主动针对谈话内容提问的人，更能获得发言者的关注和尊重。

不过，提问是有技巧的。从交际的效果来说，用"是"或"不是"回答的**封闭式提问**，**往往让人感到压抑**，而那些没有固定答案的**开放式问题**，**就会让回答者感到放松许多**。

倾听也要有礼仪，家长除了在方式方法上教会孩子如何倾听，还要传授孩子倾听的礼仪。

一、倾听时不能三心二意，不能左顾右盼；

二、以柔和的目光注视对方；

三、用点头、微笑等方式对对方的谈话做出反应；

四、可能的话，复述对方的观点；

五、如果不想倾听，可以委婉地换个话题。

亲子故事：族长灰太狼

灰太狼用诡计当上了狼族的族长，领着四大恶狼进攻羊村。在羊村的围墙外，狼族用投石机攻击羊村。小羊们奋起反击，用炸弹还击，把狼族炸得哭爹喊娘。

看到凶很的狼居然被羊给打败了，灰太狼气得直蹦："你们这些蠢狼，连只小羊都打不过，真给我们狼族丢脸。"

红太郎一边摇着扇子，一边喝着红酒说："就是，我们狼族的脸都被你们这些笨狼给丢尽了。还不快去搞点吃的来，老娘要饿死啦！"

四大恶狼本来就因为打输了憋了一肚子火，听到灰太狼和红太郎这么数落自己，生气地说："你们不也是被那些小羊打败了好几次吗？还说我们笨！"

"什么！"灰太狼被揭了短，暴跳如雷，"我是族长，你们怎么能跟我比。"

"族长怎么了，族长也不能不尊重狼，我们可是赫赫有名的四大恶狼。"

"什么四大恶狼，是四大蠢狼吧，哈哈……"灰太狼嘲笑道。

"弟兄们，灰太狼太不尊重我们了，这样的族长我们还要他干吗？吃不到羊不说，还要挨骂，揍他一顿，我们还是过我们的快活日子去吧。"四大恶狼商量着说。说完，他们拿起武器，乒乒乓乓地把灰太狼揍了一顿，然后走了。

听妈妈的话

灰太狼为什么被自己的人打了一顿？是不是因为灰太狼不尊重别人呢？尊重别人的方法有很多，除了使用礼貌用语，最简单的方法就是认真地听别人说话。因为人们都喜欢有自己的听众，而不喜欢只当别人的听众。如果你能认真地做一个听众，别人就会觉得你很尊重他，就会和你成为好朋友。

4.诚信：交往的根基

信用可以用来预测结果，这是许多人经常使用却没有意识到的方法。一个诚实守信的人总能吸引合作者的目光，所以可以预测他不会被困难所绊倒。一个诚实守信的人总能竭尽全力地完成任务，所以，可以预测到这样的人总会有机会。一个诚实守信的人时刻想着实现诺言，所以可以预见的是，他能提前知道会出什么问题，所以总是有备无患，事事一帆风顺。

孩子天生就知道守信的重要性。孩子信任妈妈，自己的哭喊必然会引起妈妈的注意，妈妈也相信孩子哭闹必有原因。这种母子之间的信任是维系生命的安全带。但逐渐地，孩子变得说一套、做一套、人前一套、背后一套。这是为什么呢？

孩子的思想是单纯的，他们并不知道这样是没有信用的行为，他们只是出于想吃好和玩好的目的。毕竟，他们还没有达到成人的道德水准和行为控制能力。这只能算是出于本能的失信萌芽。作为家长，要注意这些萌芽，及时告诉孩子这样做是不对的。

父母的教育决定了孩子是否诚信。**对于孩子经常出现的言行不一、不履行诺言的行为，家长首先不能见风就是雨地认为这就是道德败坏**，打骂孩子，始终要认识到他还是个孩子。他犯错误是因为不知道，而不是有意为之。

其次，要采用正确的方法教会孩子学会诚信。

家长要给孩子树立诚信的榜样。**如果家长做不到，就不要对孩子许**

诺。奖励如此,惩罚也是如此。常听见家长这样说:你要是再撒谎,我就把你的嘴用针线缝起来！类似的恐吓只能作用一时,时间久了,孩子反倒把这当成笑话,因为即便是孩子也知道这样的事情根本不会发生。笔者的妻子生气时就会说类似的话,笔者曾经事后问孩子:你害怕吗？孩子笑着说:不怕。

相对地,笔者在教育孩子时,使用了**"一、二、三"数数法**。如果孩子犯了错误还不知悔改,笔者就会数一、二、三,如果数到三还不悔改,孩子立刻就会被罚站。笔者从孩子两岁开始就一直这样做,从不延迟一个数。这让孩子认识到,爸爸的惩罚是算数的。正是这种确信,让孩子学会了如何遵守秩序。进而,也就为孩子学习诚信铺平了道路。

无信则不立。工作中如此,教育孩子也是如此。

孩子出于本能的需要才会犯成人眼中"失信"的错误,那么**家长只要满足孩子合理的需要,就等于在源头上防止了错误的产生**。

家长要认真倾听孩子的需求,切不可以成人的想法去推测。家长可以和孩子一起分析哪些需要是合理的,哪些是不合理的;哪些是现在可以满足的,哪些是将来能满足的。合理的需要及时满足,不合理的则要跟孩子讲清楚为什么。如果想不明白孩子为什么会有这样的要求,就回忆自己童年时的类似情况,以一颗童心去理解,去寻找。

只有信任才能唤起诚信,所以**家长不要怀疑孩子**。

经常有这样的家长:要求孩子吃完饭到房间里学习半个小时,结果却每隔几分钟就进去看一下孩子是否在偷懒;让孩子去买件东西,却总担心孩子把多余的钱拿去买零食。在孩子看来,我守信你也不相信我,我干吗还要守信呢？怀疑不仅蒙蔽了家长的眼睛,也伤害了孩子主动守信的心。

家长不能只惩罚孩子不守信用的行为,对自己的错误也要勇于承认。

孩子也有独立的人格,虽然他们不明白那些"只许州官放火,不许

百姓点灯"的事情是为什么，但他们也能感觉到不公平。所以，家长不要摆家长威风，在诚信的教育中做到一碗水端平。

爸爸答应给果果买个"橙果战甲"玩具，但一直都没有兑现。星期天早上，果果不高兴地说："爸爸说话不算数，没有买'橙果战甲'！"爸爸这才想起来自己的诺言，工作一忙就忘记了。爸爸大为震惊，严肃地说："孩子，我错了！说话不算数比撒谎还要可耻。爸爸下周一一定给你买回来。作为惩罚，爸爸决定一天不抽烟。"

爸爸果然一天都没有抽烟。看到爸爸难受的样子，果果心疼地说："爸爸，只要你买玩具，你抽烟也没关系。"

爸爸坚定地说："不守信就要受到惩罚，爸爸今天绝不抽烟。"

第二天，爸爸一下班就把玩具交到了孩子的手里。

爸爸的行为不仅挽救了岌岌可危的父子信任，也为孩子树立了守信的好榜样。

亲子故事：信任的力量

青青草原上正在举行飞行表演大赛。天空中，一架架漂亮的飞机像蝴蝶一样上下翻飞，看得地面上的小羊们兴高采烈。

轮到懒羊羊出场了。懒羊羊的飞机是一架老式的双翼飞机，一发动起来黑烟阵阵，响声隆隆。懒羊羊兴奋地说："该我出场了，谁愿意做我的副驾驶啊！"小羊们看了飞机的样子，都往后躲。

大象包包大人从来没有坐过飞机，想尝试一下飞行，就自告奋勇地坐到了懒羊羊的后面。飞机顺利地飞上了天空，在天空中自由地翱翔。包包大人高兴极了，兴奋地拍着懒羊羊的肩膀说："懒羊羊，你真行啊！"

没想到，包包大人的力气太大了，拍得懒羊羊差点滑到座位下面去。懒羊羊被吓了一跳，手不由自主地向上拉操纵杆。这下可坏了，飞机一下子向上蹿了起来，几乎完全竖了起来。懒羊羊从来没有飞过这样的

动作,吓得用手捂住了眼睛。飞机失去了控制,直往下掉。

在最后的一刻,懒羊羊终于醒过神来,控制飞机迫降了。包包大人被撞破了肩膀,鼻子也流血了。

懒羊羊害怕地对包包大人说:"包包大人,是我不好,让你受伤了。你不会惩罚我吧?"

包包大人却说:"没关系,你飞得很好,是我吓到你了。我们再飞一次吧。我相信你能行。"

包包大人鼓励的目光让懒羊羊重新找回了信心,驾驶飞机再次飞向蓝天。飞机飞得又稳、又快、又高、又远。懒羊羊驾驶的飞机,成了大赛中飞得最好的飞机。

飞机落地了,小伙伴们都来庆贺。沸羊羊不解地说:"第一次你差点摔死,你怎么还敢飞第二次啊?"

"包包大人那样信任我,我能不尽全力飞好吗!"

听妈妈的话

你知道怎么才能让所有的小朋友都喜欢你吗?就是说话算数,说到做到,不撒谎、不骗人。信任让懒羊羊战胜失败,夺得冠军,也能让宝宝获得小朋友们的帮助,克服一切困难,成为最优秀的孩子。

5.宽容:弥补差异的裂隙

对别人宽容就是善待自己。宽容是化解矛盾的良药,是利人利己的法宝。宽容的本质是尊重和欣赏,尊重人与人之间的差别,欣赏由差异产生的丰富生活。这是一种既客观又乐观的生活态度,它能让我们以阳光一样的心态看待这个世界,并获得阳光一样灿烂的心情。人人都期望在出错的时候被谅解,所以人人都喜欢那些宽容的人。宽容就像是磁铁,把那些期待改变、期待完美的人聚集到自己身边。

作为家长,应充分认识到宽容对于孩子来说,不仅是一种获得快乐的待人准则,也是维护孩子心理健康的良好习惯。宽容可以让孩子放弃斤斤计较,变得豁达开朗,更可以让孩子在交往过程中八面玲珑、左右逢源。

如何让孩子学会宽容呢?

首先,家长要给孩子改正的机会,宽容地对待孩子的错误。 在生活中,家长是孩子最好的学习榜样。

团团不小心打碎了玻璃杯。看到玻璃杯"啪"的一声在地板上粉身碎骨,团团不知道该怎么办,他有点吓懵了。爸爸看到了这一切,平静地说:"去拿扫把和簸箕来,把碎玻璃扫起来。小心别扎伤自己。"

团团乖乖地拿来了扫把和簸箕,把碎玻璃收了起来。这时爸爸和蔼地说:"你知道玻璃杯是怎么碎的吗?"

"不知道,我一转身它就碎了。"

"你本应该把玻璃杯放在柜子里面的,而你喝完水却把它放到了桌子边上。这就为你打碎玻璃杯做好了准备。你玩的时候完全没有注意身边的东西，所以转身的时候碰到了桌子，玻璃杯就被震到桌子下面，摔碎了。"

"哦。我以后玩的时候一定注意。"团团明白了。

如果爸爸一看到玻璃杯碎了就厉声斥责，会让本来就受惊的孩子更加害怕，而爸爸的愤怒也会让孩子失去一次学习处理事故的机会。在今后的岁月里，孩子不会记住自己是因为什么打破玻璃杯的，只会记住爸爸的怒吼，甚至，再次打破东西时，孩子会由于恐惧而撒谎。

爸爸的宽容既让孩子学会了如何处理事故，如何避免再次发生事故，也让孩子在爸爸身上看到了宽容的好品质。可以肯定的是，爸爸宽容的处理方式，让孩子感到安慰。这种舒服的感觉会鼓励孩子模仿，进而学会宽容。

其次，家长要注意不要把世俗的偏见传染给孩子。

家长最好不要在孩子面前以成人的眼光评论其他小朋友的缺点。有时候父母的眼睛就是孩子的眼睛，未成年的孩子对家长的话无论对错都极为信任。家长结论性质的评论会成为孩子思考的出发点，而且，孩子还会用自己简单的思维把家长的观点放大。即便家长的观点是客观的，但如果表情略显轻蔑，孩子也会认为"那个东西不屑一顾"。这就给孩子埋下了不宽容的祸根。

家长最好引导孩子发表自己的观点，对那些睚眦必报的思想予以纠正，并教会孩子换个角度看问题。

无论什么时候，家长都应该**教导孩子从别人的角度思考，让孩子把自己置于别人的位置，设身处地地站在别人的角度看待问题。**当看到有人出错的场景时，家长可以这样问孩子："要是我处在这种情况下，我会怎么想呢？又会怎么做呢？""我现在应该为他做点什么呢？怎么样才能让他心里舒服一些呢？"引导孩子从多个角度看问题，体谅出错的原因和感受，进而学会宽容。

亲子故事:好脾气的暖羊羊

暖羊羊的好脾气在羊村是出了名的。有一天,美羊羊问暖羊羊:"班长,你的脾气怎么那么好啊?沸羊羊那三个捣蛋鬼把水都洒到你身上了你也不生气!"

"有什么好生气的,他们也是不小心嘛!我本来脾气不好的,动不动就生气,加上力气大,所以经常伤人,还被村长批评。"

"那你是怎么变得脾气好的呢?"

"有一天,我又因为发脾气伤到别人了。村长批评了我,我好难过,就跑到山边一个人哭。我对着山大喊:'啊——'然后我听见有个声音也在喊'啊——'我更生气了,人家这样难过,居然还有人学我嘲笑我。我就生气地问:'你是谁?'没想到,那个声音也问:'你是谁?'我气得不行,就骂起来:'你是个坏蛋——'那个声音也骂:'你是个坏蛋——'后来,我和那个声音对骂起来。但无论我怎么骂,那个声音始终和我骂的一样。我又气又累的时候,斑马大叔从我身后走过来对我说:'你试着跟它说声对不起。'我当时已经累得忘了生气了,就喊了一声'对不起——'没想到,那个声音也喊'对不起——'然后我就和蔼地跟那个声音说:'是我不好,我不该发脾气。'那个声音也柔和地回应说:'是我不好,我不该发脾气。'后来,我和那个声音一起唱起了歌,可高兴了。"

"班长,那是回声吧!?"美羊羊笑眯眯地说。

"是啊!我当时不知道。但我通过这件事明白了,宽容别人的错误就是对自己好啊!"暖羊羊一脸幸福地说。

听妈妈的话

什么是宽容呢?就是不揪住别人的错误不放,也不把它放在心上。如果你把别人的错误记在心里,还因为这个生气,那就成了拿别人的错误惩罚自己了。所以,宽容别人的错误就是对自己好啊。

6.爱心：友谊的基础

善良和同情是孩子的天性。心理学研究表明,婴儿一岁前就对别人的情感有反应。假如旁边的孩子哭,他也会一起哭。一两岁时,看到别人哭,孩子会拿自己喜欢的东西去安慰。这些表明,孩子已经能清楚地分辨自己的和他人的痛苦,并试图减轻别人的痛苦,只是他不知道该怎么做。孩子到了五六岁时,开始知道什么时候去安慰正在哭泣的同伴,什么时候该让同伴独处。

孩子的这种天性,来自于人类早期活动中的团结协作、互助互爱。这种天性直到今天也是人类社会秩序与和谐的心灵基础。对人的个性发展而言,爱心是基础中的基础,是人成长为社会人的前提和基础。只有有爱心才能被社会接受,才能被周围的人认可。

然而,孩子的这种天性在家长的关爱下逐渐被自私自利所取代。家长倾其所有无偿的关爱,让孩子产生了爱是单向索取的错觉;家长重智轻德的教育方式,让孩子远离了爱的教育;还有的家长虽然看到了爱的教育的缺失,却简单地认为孩子会在成长过程中自然而然地学会;更有甚者,将孩子的自私、任性和霸道当成聪明、好玩,不仅不制止,还纵容。这样培养出的孩子不要说有朋友,恐怕连立足社会的能力都没有。

要想孩子有爱心,父母要从相互关爱、相互尊敬做起,给孩子树立一个好榜样。除此以外,家长也可以从下面几个方面对孩子进行爱的教育。

移情训练。可以经常让孩子把自己痛苦时的感受与别人在同样情境下的体验加以对比,从而让孩子体会别人的心情,学会理解别人。例

如,看到有小朋友摔倒了,家长可以启发孩子说:"你摔倒的时候是不是很疼啊?那个小朋友一定很难受,我们快去把他扶起来吧。"潜移默化之间,孩子就生出了体贴别人的爱心。

饲养小动物。幼年时饲养过小动物的孩子感情比较细腻,心地善良、富于爱心。正是通过照顾小动物的饮食起居,孩子从中学会了从别人的角度思考问题,体贴别人的冷暖饥寒。

接受孩子的爱。儿子五岁了,学会了表达自己。有一天,儿子用甜蜜的语调对妈妈说:"妈妈,我爱你!"妈妈一边洗脚一边说:"这话不用挂在嘴边上,你心里有就行了。"儿子有点不大高兴,转身用同样的语调对爸爸说:"爸爸,我爱你!"爸爸坐在椅子上微笑着说:"我也爱你,儿子。"说完,把儿子抱到膝盖上,亲切地抚摸儿子的头。儿子又抱着爸爸的头,亲了爸爸一口。

这是笔者生活中的一个片段。由此笔者想到,家长的威严一定要以拒绝孩子表达的爱来体现吗?我们应该接受孩子的爱,让孩子在表达爱的过程中获得乐趣,这样孩子才会去爱。如果我们没有让孩子体会到爱的乐趣,即便从成人的角度去思考,孩子也不会主动地去爱了。家长堵塞了孩子表达爱的渠道,孩子的爱心也会因为没有土壤失去成长的可能。

亲子故事:开满鲜花的病房

暖羊羊生病了,她自己躺在病床上,既无聊又孤单。她非常想念和同学们在一起的快乐时光。可是一想到这些,暖羊羊又有些生气,同学们为什么不来看我呢?我那么辛苦地为同学们服务,他们怎么就那么没有同情心呢?

门开了,慢羊羊村长拿着几盒药走了进来。慢羊羊村长看出暖羊羊有些不高兴,就问她怎么了?

暖羊羊伤心地说:"我对我的同学那么好,可是我生病的时候,没有一只羊来看我。呜呜……"暖羊羊伤心地哭了。

"原来是这样啊。"慢羊羊村长一边捋着胡子一边思考着，说："暖羊羊同学，我们奉献爱心不是为了讨好同学，也不是为了在自己生病的时候有人看望，而是让这个世界更美好啊。今天一放学那些小羊就不知道跑到哪里去了。你是我最好的学生，我帮你实现一个愿望，你想要什么呢？"

"让世界更美好！村长，我知道了。我想让病房里开满鲜花，让所有生病的小羊都高兴起来。"

"啊！你能换一个吗？这个愿望对我这个年纪的羊来说，实现起来有点困难啊。"慢羊羊为难地说。

"哦……村长，我不要这个愿望了，只要大家都高高兴兴的，我就满足了。"暖羊羊微笑着说。

第二天早晨，正在睡觉的暖羊羊被一阵阵浓郁的花香弄醒了。她睁开眼睛一看，哇！整整一屋子的鲜花，五颜六色，多彩多姿，花香扑鼻，有些花瓣上还挂着晶莹的露珠呢。

就在暖羊羊既兴奋又迷惑的时候，美羊羊带领小伙伴们来了，还给她带来了许多好吃的。

"暖羊羊，你好些了吗？"美羊羊笑眯眯地问。

"好多了，这花是你们采的吗？"暖羊羊问。

"是沸羊羊他们采的，我负责买好吃的。"

"谢谢你们啦！"暖羊羊幸福地说。

"暖羊羊，你这个愿望可把我们害苦啦，我们昨晚在门外偷听被蚊子咬不说，还要早起到草地上采鲜花。"沸羊羊假装生气地说。

"对不起，给你们添麻烦啦。"

"哈哈……那你就快点好起来吧，好快点回到学校，为我们服务。"沸羊羊大笑着说。

听妈妈的话

爱是不求回报的。就像爸爸妈妈爱宝宝。爸爸妈妈只想让宝宝健康快乐地成长。当宝宝心里装不下爸爸妈妈的爱的时候，爱就会流出来，宝宝一定要把这些流出来的爱保存好，并送给其他人。这样，宝宝就会有很多有爱心的小朋友啦。

7.合作：更高层次的交往

合作并不是一般意义上的人际交往，而是为了一个共同的目标结成的双赢关系。在合作过程中，双方为共同的目的彼此进行选择，协商合作的方式，分配彼此的任务，有计划、分步骤地完成各自的任务，最终实现共同的目标。

这种人际交往，与一般的、广泛的交往相比，目的更明确，要求更具体，甚至存在淘汰的可能。这种高层次的交往，能考验出一个人的眼光、纪律性和责任心。所以，合作对参与其中的人就提出了更高的要求。

具备了基本交际能力的孩子，在与别人合作的过程中，会更加严格地要求自己，努力跟上合作伙伴的步伐，并限制自己一些妨碍目标实现的行为和想法。这就使孩子学会了如何战胜自我，如何以协商而不是以压迫的形式实现目标。

让孩子从小就参与各种合作，其好处是显而易见的。那么，该如何让孩子学会合作呢？

首先，要让孩子懂得合作的重要性。**在日常生活中，有许多事情必须通过合作才能完成。家长可以在这样的事情上做文章，让孩子体验一下个人无法完成的挫折感，从而懂得与人合作的重要性。**

家庭生活中有许多类似的事情可做。比如说，家里的大床需要挪位置，家长可以让孩子一个人先试一试。孩子当然搬不动，这时，家长就可以适时讲解与人合作的重要性，然后与孩子一起搬床。在与孩子一起搬床的过程中，要教会孩子如何合作：步调一致、方向一致、各司其职、各

尽其力。

再比如,孩子做游戏时,不与孩子配合,让孩子体验一个人玩的无趣。当孩子提出一起玩的要求的时候,家长再参与其中,并告诉孩子与人合作是十分重要的。

其次,让孩子体验到合作的乐趣。**要想孩子树立扎实的合作意识,家长就要给孩子创造成功合作的机会。**一个比较简单的办法就是,让孩子自己玩"石头、剪刀、布"游戏。虽然孩子有两只手,但肯定不能玩得高兴。这时,妈妈和孩子一起玩,孩子就体会到了合作的乐趣。类似的跳绳,绑腿奔跑等需要合作才能取胜的游戏,都会让孩子在快乐中学会合作,并从此爱上合作。

在生活中,处处都有需要合作的地方。家长可以适时地指出,并让孩子参与其中。家长应当教孩子学会团结合作,**在做事时,可以经常请孩子当自己的助手**,如帮助妈妈拿东西,做爸爸的小助手,帮助家里倒垃圾、扫地、洗车等。只要家长有心,细心观察,耐心指导,孩子就总能从那些看似平淡无奇,却包含合作玄机的生活琐事中,慢慢地学会合作。

亲子故事:分不开的好朋友

喜羊羊和沸羊羊吵架了,他们谁都不愿意和对方说话,甚至都不愿意正眼看对方。路上遇到了,沸羊羊扭过脸去,不理喜羊羊;喜羊羊抬头看天,不和沸羊羊说话。

慢羊羊村长知道了,决心让这两个脾气都很大的羊和好。放学后,慢羊羊村长说:"喜羊羊,沸羊羊,今天你们两个打扫教室。教室不打扫干净,谁都不许走。否则,就罚你们抄学生守则一百遍。"

"扫就扫,有什么了不起的。"沸羊羊气哼哼地看着喜羊羊说。

"谁怕谁啊!"喜羊羊气呼呼地瞪了沸羊羊一眼。

沸羊羊拿起了扫把,开始扫地。喜羊羊拿起了簸箕,却发现没有扫把了——慢羊羊村长只留下了一个扫把和一个簸箕。喜羊羊没法扫地，只好呆呆地站着。

沸羊羊扫完了地，发现簸箕在喜羊羊手里，不禁犹豫起来：没有簸箕，垃圾收拾不干净，自己还是不能回家啊。喜羊羊看到沸羊羊不扫地了，知道沸羊羊和自己一样犯愁。但两只小羊都不好意思张嘴，就这样呆呆地站着。

时间很快就过去了，太阳下山了，月亮爬到了半山腰。两只小羊都绷不住了："我们一起干吧！"他们同时说出了同样的话。听到对方和自己想得一样，两只小羊都乐了，高高兴兴地合作起来，一个扫、一个收，终于把教室打扫干净了。

慢羊羊村长出现了，和蔼地对两只小羊说："你们就像扫把和簸箕一样，是一对分不开的好朋友，只有摒弃前嫌、通力合作，才能完成任务啊！"

"对，我们是分不开的好朋友！"两只小羊手挽着手，肩并着肩，高兴地回家了。

听妈妈的话

生活中，有许多你自己不能解决的问题。当你遇到这样的问题时，该怎么办呢？最好的办法是与其他人合作。合作就是一起干。一起干的时候，你和小伙伴要像扫把和簸箕一样好好配合，你扫一下，我收一下，干好自己的，配合对方的。这样，你不仅完成了自己不能完成的任务，还有了一个分不开的好朋友。

8.帮助：交朋友的捷径

朋友是什么？月在古文字里代表身体，朋字代表两个人并肩站在一起，为什么站在一起呢？因为要共同面对困难。一个人的力量总是有限的，只有更多的人团结起来才能解决更大的问题。互助才能团结，一个人的力量能借助朋友体现出来。帮助别人不仅是利益的需要，更是人本性的需要。

每个孩子天生就有助人的动机，因为人类在进化过程中早就把这个程序写进了人类的基因。但为什么有的孩子看上去显得不喜欢帮助别人呢？

助人首先心里要有别人，但现在的孩子绝大多数是独生子女，他们在家中随时随地都处于被照顾的地位。他们很少去关心、照顾别人，甚至他们很少想到别人。造成这样的后果，很大原因在家长身上。有些家长在孩子早期教育中对孩子宠爱有加，久而久之，就养成了孩子一切以"我"为中心的习惯，而不知如何去关心别人。另外，家长也很少花时间鼓励孩子关心自身以外的人和事，虽然偶尔也会因为孩子不肯为自己倒杯水之类的事情责备孩子一两句，但家长往往发现问题，却没意识到这是个问题，解决问题就更无从谈起。

这样一来，那些心里只有自己的孩子就会因为不主动帮助别人而渐渐被孤立，进而变得不能融入集体，甚至怨恨集体，这对孩子的成长是极为有害的，对他们的未来也是个极大的威胁。

另外，很多孩子会有这种心理：我帮助了别人，我获得了什么？帮助

不是施舍,而是从心里愿意去做,帮助要不图回报。家长要让孩子懂得如何帮助别人,自己所应该获得的是别人对自己的信任和尊重,帮助别人做事是一件快乐的事。被别人信任和尊重是比物质的帮助更重要的给予,帮助应该是无私的。如果在帮助别人的时候,老惦记着别人的回报,那么,这对孩子的成长都是十分不利的,它不利于孩子优良品格的形成,不利于孩子长大进入社会与人共处,还会妨碍孩子学习、事业上的成功。

乐于助人是一种高尚的品质,从小培养孩子去关心别人是非常重要的。

培养孩子乐于助人,可以从培养他们关心别人入手。例如,家长要有意识地让孩子从幼儿园回家后,先去问问生病的奶奶好些了吗?妈妈下班回来,爸爸让孩子去问问妈妈累吗?爸爸出门办事,妈妈让孩子去代说一句"路上骑车要小心"。

给孩子创造温馨的家庭氛围。温馨幸福的家是孩子健康成长的温床。看到家长相互尊敬有加,孩子心理自然就有安全感,毕竟家长是孩子的全部,如果家长吵吵闹闹,那么孩子就会觉得生活不安定,就会烦躁,就不会有好心情交朋友。家长爱孩子,鼓励孩子,经常和孩子一起玩,孩子就有信心面对一切困难,因为他感觉自己不是一个人面对这个世界,虽然这一点他表达不出来。但是,他就有勇气和能力解决在交朋友过程中遇到的问题。相反,如果父母对孩子动不动就恶语相加,孩子就会有情绪,甚至自卑,一个自卑的孩子是不可能成功地交上朋友的。

现在家长都很忙,但只要家长用心,一些小小的举动就可以给孩子创造温馨的家庭氛围。比如,夫妻之间争吵时要避开孩子;当着孩子的面彼此间使用礼貌用语;**对孩子的错误首先从积极的角度帮助孩子分析,然后再帮助孩子找到错在哪里,并不时地抱一抱孩子,告诉他你很爱他**……每个家庭的情况不同,家长可以根据实际情况,采取适宜的办

法。家长们要相信，只要爱，只要方法对，再忙也能让家变得温馨，让孩子成为交际高手。

给孩子布置关爱他人的功课。 让孩子在房屋四周或是校园里做点有益的事情，比如做饭，照料宠物，给不幸的孩子制做玩具，或者教更小的弟弟妹妹们做游戏，这些都可以培养孩子乐于助人的品质。当然，**不是所有的孩子都会自发地做这些事，必须有人教他们、鼓励他们，甚至有时强迫他们，但只能是温和地强制，否则会适得其反。**

随时随地对孩子进行教育。 家长要善于抓住机会，从生活中的小事做起，时刻培养孩子乐于助人的品质。例如，**妈妈蹲着洗菜，爸爸就可以启发孩子注意到妈妈蹲着不舒服，并让他送去小板凳；奶奶生病卧床，妈妈让孩子给奶奶递水、送药。走在路上，看到老人手中的报纸或其他较小的东西掉在地上，让孩子帮助拾起。** 这些方法都会让孩子变得更有同情心，更加乐于助人。

亲子故事：懒羊羊的帮助

喜羊羊因为帮助迷路小白兔找到了妈妈受到了表扬，沸羊羊因为帮助斑马大哥找回了丢失的鞋子受到了表扬，美羊羊因为帮助包包大人管理果园受到了表扬，他们都得到了奖励——一个又红又大的苹果。

懒羊羊看到了，想，原来帮助别人是能得到好吃的啊！就使劲想办法帮助别人。一只青蛙受伤了，抱着脚流泪，对懒羊羊说："你能帮我包扎一下吗？"

"别打扰我，我在想着怎么帮助别人呢！"懒羊羊眼皮都没抬一下，懒懒地回答说。

暖羊羊抱了许多课本要送到教室去，看到懒羊羊说："你能帮我把课本送到教室去吗？"

"没工夫，我在想怎么帮助别人呢！"懒羊羊扭过头去不高兴地说。

慢羊羊村长走过来了，拿着放大镜好像在草地里找什么。

"哈哈，大苹果来啦！"懒羊羊跳起来拿个雨伞给慢羊羊村长遮太阳。

"你挡住阳光干什么？"

"我帮你遮太阳啊！村长，我能得到大苹果吗？"

"……我在研究凸透镜的聚光效应，你挡住阳光，我还怎么研究啊！"

听妈妈的话

懒羊羊能得到大苹果吗？帮助那些遇到困难的小朋友，你就能得到他的友谊。这是最快的交朋友的办法。但是，我们绝对不能为了交朋友而故意让别人陷入困境。帮助别人应当是发自内心的，不求回报的。

162

9.嫉妒:扼杀友谊的毒药

　　嫉妒之心,人皆有之,孩子的嫉妒心理往往更加强烈且奇特。当孩子发现别人有自己想要的东西时,无论这个东西是玩具,还是老师的表扬,甚至是父母的关注,他们内心的小小的嫉妒都会油然而生。

　　嫉妒是一种自我保护机制,虽然它往往被冠以恶名。嫉妒心强烈的孩子往往防卫心也特别强。做家长的,不能只因为恶名就对嫉妒谈虎色变。相反,如果能善加利用,还能让孩子养成强烈的竞争意识。

　　新学期第一天,阳阳放学了,看到同班的乐乐被妈妈用汽车接走了,就对接自己的爸爸说:"爸爸,你怎么不开车来接我啊?"

　　阳阳爸爸说:"咱们家没有汽车。"

　　"我要有汽车,你要开汽车来接我。"说完,自己一个人气鼓鼓地走了。

　　爸爸叹了口气,低着头跟在后面。

　　回到家里,阳阳还在生气,不肯吃饭。爸爸坐到他旁边,和蔼地说:"阳阳,你觉得坐汽车回家很有面子吗?"

　　"……"

　　"那是乐乐家的汽车,不是乐乐的汽车啊!"

　　"……"

　　"咱们家没有乐乐家富裕,但是咱们家有更多的快乐。那汽车不是乐乐的,你可以有自己的汽车。"

　　"怎么有?"

　　"好好学习,成为有用的人,会有人给你汽车的。"

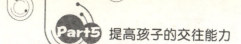

"真的？"

"是的。再说了，乐乐家有汽车，你有聪明的脑袋，你可以在学习上超过他。汽车是乐乐的爸爸妈妈挣到的，不是乐乐挣到的。你的学习成绩是你自己挣到的，如果乐乐挣不到，你不是比乐乐更厉害吗？"

阳阳没说话，但从那以后他更加努力地学习，成了班上最好的学生。乐乐还邀请阳阳乘汽车一起回家。阳阳高兴地说："哈哈，我挣到我自己的汽车了。"

嫉妒也有不利的一面，它让孩子不能以正确的心态看待自己的伙伴，伤害孩子的自尊心，让孩子自卑。自卑对一个人来说是最大的发展障碍。纠正孩子的嫉妒心理，家长应从以下几点着手。

尽量不要拿孩子与别人对比。有些家长可能注意不到，在谈论其他孩子时一句无心的"婷婷越来越可爱了"，或者只是一个微笑、一个耸肩的动作，甚至抬一抬眉毛都可能被孩子解读为"比较"。尤其是当你的孩子在某一方面做得不好的时候，他们更容易对那些有能力做好的孩子产生嫉妒。

有一次，美美的妈妈跟一位阿姨说，邻家女孩的卷发很可爱，可惜自己女儿的头发却是直的。没想到，第二天，美美就要求妈妈带自己去美发厅把头发烫成卷发。美美妈妈一下子就意识到是自己的评价引发了女儿的嫉妒心理，从此之后，她再也没有评价过女儿的头发，同时非常注意不拿女儿和别的孩子做无意义的比较。

现实中，人必然是有差异的，不是表现在这方面，就是表现在那方面。一个人承认差异就是承认现实，要使自己在某方面好起来，只有靠自己奋进努力，嫉妒于事无补，而且还会影响自己的奋斗精神。**家长应该跟孩子讲清楚每个人都有长处和短处**。如果家长平时能做到这一点，就等于是在给孩子打预防针。随着孩子认知能力的发展，他会知道每个人的能力都是有限的，他不可能什么都比别人强。**家长千万不可用贬低**

164

孩子所嫉妒的对象的办法来减轻孩子的嫉妒心理，那样会导致孩子过多地去关注别人的不足而放弃努力。

帮助孩子发现自己的长处。缺乏自信心的孩子总喜欢强调自己的弱点，而且那种低人一等的感觉更容易刺激他们的嫉妒心理。因此，家长必须**帮助孩子建立自信，让他知道自己也有优点，也有为自己而骄傲的资本**。每当孩子自己解决了一个问题或者取得了一点进步，哪怕只是一道算术题，也应该让他知道爸爸妈妈注意到了，并且为他而骄傲。专家指出，当孩子为自己感到骄傲的时候，他们就更容易接受别人在某方面得到比自己更多的关注。这种自信不但可以帮助孩子克服自己的妒忌心理，更有利于他们塑造自我，这才是真正值得别人艳羡的本领。

教孩子正确地评价自己和别人。提高自我认知水平，是克服嫉妒心理的基本途径。父母应当经常**教育孩子学会反问自己：“我现在各方面表现如何？有什么优点？有什么缺点？跟上个月（或上个星期）比较，哪些方面有进步？哪些方面退步了？我该怎么办？我有决心再上一个新的台阶吗？我是否应该听取爸爸妈妈的意见？是否征求老师、同学的意见？”** 同时，教孩子在学校给自己寻找追赶的目标，看到别人的长处，告诉孩子，当别人成功时，要能接受现实，虚心向别人学习。一个孩子如果能经常这样去想问题，嫉妒心理就会慢慢打消，从而学会客观地自我评价，客观地评价别人。

亲子故事：谁最美丽？

红太狼听说美羊羊是青青草原上最美的动物，就联合自己的好姐妹香太狼抓住了美羊羊。她们认为，只要消灭了美羊羊，自己就是青青草原上最美的动物了。

看着美羊羊泡在锅里，一身青菜叶，脸上还挂着西红柿皮，两只狼心里美极了。“香妹妹，等吃了美羊羊，我就是草原上最美的狼了！”

"嗯,嗯……"看太狼盯着锅里的美羊羊,口水都流到桌子上了。

"看你那样子,一点都不淑女。哪像我,我才是青青草原上最美的动物。"

刚才看太狼只顾着想吃羊,没听见红太狼的话,现在她听清了:"什么?你是最美的动物!这真是天下最大的谎言,我才是天下最美的动物呢!"

"我是最美的!"红太狼的声音高了八度。

"我是最美的!"看太狼的声音简直是打雷了。

两只狼吵个不停,完全没有看到喜羊羊从天窗上垂下绳子,把美羊羊救走了。

出去拾柴火的灰太狼回来了,发现羊没了:"羊呢?"

"我们谁最漂亮?"看太狼抄起擀面杖喊道。

"我们谁最漂亮?"红太狼拿起平底锅喊道。

"……"灰太狼知道说谁最漂亮都会被打一顿,一时间懵了。

"为什么不说话?"红太狼"嗖"地扔了一个平底锅过来,灰太狼当即被打倒。

"女人的嫉妒心啊,我怎么总是这么倒霉啊!"灰太狼趴在地上哀叹。

听妈妈的话

美羊羊多幸运啊!碰到了两只嫉妒心极强的狼。其实,美丽并不是最重要的啊!健康、知识、亲人、朋友,都是生命中重要的东西。嫉妒心是这样一种心理,它让人只看到一点点就以为自己拥有所有的东西。所以,嫉妒心重的人,往往丢了西瓜捡了芝麻,就像红太狼和看太狼一样,为了谁最美打了起来,结果,到嘴的肥羊也跑了。

给孩子

完美的

心灵

PART **6**

169

1.让孩子抬起头走路

　　法国启蒙思想家、文学家让·雅克·卢梭说:"自信对于事业来说简直是一个奇迹。有了它,你的才干就可以取之不尽、用之不竭。一个没有自信的人,无论他有多大的才能,也抓不住机会。"

　　自信是个人才干的第一道闸门,不打开它,才干之水就无法冲向人生的原野,滋养事业的麦田。心理学研究表明:人意识到自己所知道的,远没有自己实际上已经知道的多。也就是说,你以为你知道一,但实际上你知道十。虽然只差"一竖",但结果天壤之别。这"一竖"就是自信——相信自己远远不是一,而是十,甚至是一百。坚强的自信让人们突破"一"的樊篱,进入十倍的空间。

　　《东方之子》栏目记者采访乒乓球世界冠军邓亚萍时问道:"你怎么每次都能获得世界冠军呢?"邓亚萍竖起一个大拇指说:"我,自信!"

　　然而遗憾的是,很多孩子缺乏自信。心理学家对全国1000名6~12岁的孩子进行的一次自信心调查表明:40%的孩子自称对自己"至少一两个方面完全丧失信心"。有的孩子对自己的外貌、身高、体重等没有信心,有的则对自己的学习能力、运动能力和交际能力没有自信。然而进一步的调查证实,这些孩子的实际水平并不比别人逊色。

　　缺乏自信的孩子往往表现得畏缩、害羞、胆怯,不敢面对新事物,不敢主动与人交往。缺乏自信久了就会产生自卑,从相信有一点能力转为承认"彻底无能",而这已经接近了心理疾病。

　　自信并非是天生的,而是后天学习到的。要想让孩子变得自信,家

长首先要尊重孩子的独立性,让孩子在家里"自我感觉良好"。

自信不能靠"单相思"实现,必须以互动的形式培养。如果家长只是说:"孩子,你要自信!"不会有任何效果。**家长要与孩子互动起来,用事实证明孩子能行。其中,鼓励(甚至可以稍有夸大)、夸奖、赞扬,善待孩子,都是让孩子自信起来的好方法。**

圆圆第一次自己往杯子里倒牛奶,倒进去一半,洒了一半。妈妈说:"圆圆真棒!会自己倒牛奶了!"抱起圆圆亲了一口。圆圆问妈妈:"那洒掉的怎么办呢?""擦干净就行了。下面,妈妈告诉你如何倒牛奶……"

虽然圆圆倒牛奶并不成功,但在妈妈的鼓励下,她依然有信心做好。

但如果妈妈换一个说法,圆圆就会觉得自己很失败。

"哎呀!谁让你自己倒牛奶的?你让妈妈给你倒啊!看看,牛奶倒洒了吧!"

同样是倒牛奶,这样就"洒掉"了孩子的自信。

战胜失败,也是树立信心的一个有效途径。稚嫩的孩子都会遇到一些失败,他们会觉得很难受。这时,**家长要主动上前,帮助孩子战胜失败,然后告诉孩子:"你能行!"**

有一次,笔者带孩子去爬山。在一个矮矮的陡坡前,孩子几次都上不去,就让笔者把他抱上去。笔者说:"你能打败他,你一定行。"孩子看到了希望,就再次努力。笔者紧跟在孩子身后,一方面保护孩子,一方面告诉孩子如何攀爬。孩子爬得很吃力,浑身都是土,甚至有时候害怕得趴在地上不敢动。笔者继续鼓励他,告诉他:"你一定行,就像超人一样,一定能打败怪物的。"在笔者的鼓励甚至逼迫下,孩子终于爬上了陡坡。这时笔者问孩子:"你行吗?""嗯,我行。"

在这过程中,家长一定要狠下心,让孩子坚定地完成自信心训练。笔者也数次想把孩子抱上去算了,但最终没有伸出援手。因为,自信心会在帮助的影响下夭折。

给孩子一个特长,能让自信在孩子心中扎根。特长是超越一般水平的专长,那种不可战胜的感觉是自信心成长的最好的营养素。

自信心是赢出来的。家长要鼓励甚至怂恿孩子参加课外活动,培养他们的兴趣爱好。对于孩子擅长的领域加大投入,参加相关的活动。合适的时候,让孩子参加比赛。通过"赢了"让孩子真正认识到自己的能力。

自信的培养需要家长的耐心、细心与恒心。只有持之以恒,深入生活,才能不断巩固孩子的自信。

亲子故事:沸羊羊的金牌

沸羊羊是羊村里出了名的运动健将,常常在体育比赛中拿第一。这一次,沸羊羊又拿了一个举重冠军,他高兴极了。举着金牌,沸羊羊到处炫耀。他对懒羊羊说:"小胖子,你什么时候拿金牌啊?"说完还得意地挤了挤眼睛。

懒羊羊一看是举重的金牌,就不屑一顾地说:"你以为你力气最大吗?班长暖羊羊的力气才最大呢?她都不屑于和你比……"

"什么?我这就去和暖羊羊比力气,证明我这个冠军是货真价实的!"

暖羊羊一听说要比赛,就连忙摇头说:"我不行的,我肯定比不过你。你是冠军,我哪能赢得了冠军呢!"

沸羊羊一看比赛要吹,就用起了激将法:"哼!你们女生不仅力气小,胆子也小,从来不敢跟男生比赛。"

美羊羊听了很不高兴,对暖羊羊说:"班长,你行的,你一定行。不行也要行啊!不然,我们女生就输给男生了。"

"嗯……那好吧。"暖羊羊只好答应下来。

比赛场上,沸羊羊一下子举起了一块大石头,暖羊羊也举了起来。沸羊羊又抓起铅球,一下子扔出好远。暖羊羊也抓起铅球,扔得更远,都

看不到了。

沸羊羊不服,还要比赛。暖羊羊却说:"不要比了,我只是运气好罢了。"

"不行,一定要比。这次你要是赢了我,我就把金牌让给你。"沸羊羊拉起一车青草,飞快地跑了五圈,累的浑身是汗,气喘吁吁。

暖羊羊拉起车,飞快地跑起来。她越跑越轻松,还高兴地唱起歌来。站在赛场边上的沸羊羊惊呆了,张大嘴巴说不出话。

比赛结束了,沸羊羊把自己的金牌交给了暖羊羊,暖羊羊却说:"你留着吧,这是你在赛场上挣来的。呵呵,我还要感谢你呢!不然,我也不知道我有这么大的力气啊!"

听妈妈的话

谁才是羊村里力气最大的羊呢?暖羊羊是个大力士,但她不相信自己,所以她没有拿到金牌。宝宝你要相信自己哦,只有自信,才能成为冠军。

2.学会自己改正错误

　　自省是对个人发展的主动调整与修正。相对于批评与惩罚,自省更具针对性,更具时效性。自省让人时刻监督自己要保持正确的方向,也使人在犯错的第一刻觉醒。时刻保持自省的人不仅对外来的干扰保持警惕,也对自己的想法和行为保持警惕。他们目标明确、步伐坚定、出手果决、心态平和。而这些正是成功必须具备的素质。

　　自省是孩子成长的一个秘诀。能否自省,是成熟与幼稚的最大差别。当孩子学会了观察自己、评判自己,就说明他成熟了长大了。而那些几十岁了还不自知、不自明的人,依然是个没长大的孩子。

　　孩子的自省从学会接受批评开始。关于如何让孩子学会接受批评,法国的儿童教育专家提出如下建议。

　　一、批评孩子时要尊重孩子的独立人格。家长批评孩子时要注意方式、方法、语言、语气,不要让孩子对批评的形式产生逆反心理。**批评孩子时,要对事不对人,讲方法不讲义气,讲道理不讲态度,充分尊重孩子的独立人格。把错事的来龙去脉说清楚,错误的根源结果说明白,这之后,还要告诉孩子正确的方法。**千万不要暴风雨之后不见蓝天,不然,孩子只会记住家长的态度,而不会记住错在哪里。甚至,孩子会认为自己只是不得不屈服于家长的威严。

　　二、允许孩子做出解释。人人都有为自己辩护的权利,小孩子也有这样的权利。**家长批评孩子时,最好以询问的方式开始。**"怎么回事?""为什么这样?""你为什么这样做?"……这不仅能引导孩子为自己讲

话，还更能让家长了解真实的情况，进而有理有据地批评。这样的批评，孩子接受，家长舒心，何乐而不为呢？

三、批评要公允。爱可以放大优点，也可以放大缺点。**家长在面对孩子的错误时，往往很情绪化，会因为感情用事而误判**，这就失去了公允评判的基础。所以，家长首先要心平气和地批评。

家长的批评方式正确得法，孩子就会接受批评，也就以亲身体验的形式学会了如何接受批评。

自我反省是需要引导的，家长不妨用下面的方法引导孩子。

以提问的方式引导孩子反思错误。为什么摔倒了？哪里写得不好？你有什么方法做得更好吗？用类似的问题帮助孩子发现问题，在孩子的头脑中树立一些反思的警示牌，从而引导孩子：到了这里，我们该反省一下了。

用比较的方法引导孩子学会反思。哪个字写得最漂亮？你是怎么写出这样漂亮的字的？谁输了，输在哪里呢？还可以循着这样的思路**帮助孩子建立反思的思维路径**：做得如何？如何修正？如何改进？在提问时，家长不要暴露自己的情绪和态度，让孩子独立完成思考的过程。只有当孩子确实想不通的时候，家长再指导一下，但也只能是"点一点"。

让孩子用反省的结果指导自己。反省是自我学习，学而不用，学习就会退步。巩固学习的最好办法就是用学到的知识获得成绩。通过反省得来的经验，要让孩子应用到生活中。一个最简单的例子就是：摔倒了爬起来，再看一看为什么摔倒了，下一次要注意。如果是被什么绊倒了，再经过这里时，就要注意了。类似的例子家长可以根据实际情况，找到最适合自己孩子的方法。

亲子故事：反思日的由来

又到反思日了。小羊们非常不喜欢这个日子，因为在这一天里，小羊们都要写自己的总结，还要花半天的时间面壁思过，吃得也非常简单，只有干草和清水。

看到小羊们坐在椅子上扭来扭去，还不时地彼此做鬼脸，慢羊羊村长决定给小羊们讲讲反思日的由来。

一听有故事听，小羊们立刻蹿到村长的身边，聚精会神地听村长讲故事。

"那是很久以前了。"慢羊羊村长捋着胡子说："当时的村长叫辣羊羊，是个莽撞暴躁的羊，他总是带领羊群到水草丰美却非常危险的河边去吃草。有些年纪大的羊劝辣羊羊不要这样做，但辣羊羊却说：'你们看，在我的带领下，羊村里的羊个个健康茁壮，你们为什么还要劝阻我呢？'那些年老的羊只好闭上了嘴。"

"有一天，辣羊羊又带领羊群去河边吃草。没想到，灰太狼的祖先黑太狼领着狼群早就埋伏在那里。羊群一出现，他们就凶狠地扑了上来。羊群死的死，伤的伤，河水都被鲜血染红了。辣羊羊带着勇敢的羊跳进河里逃跑了。那一天是羊族的灾难啊！"说到这里，慢羊羊村长叹了口气。所有的小羊也都沉默了。

"后来，辣羊羊领着羊群跑到了河的另一边。看到仅剩下的十几只羊，他悲痛欲绝，想跳河自杀。但几只羊拦住他，说：'只要有草在，我们就还能活下去。你千万不要灰心啊。'辣羊羊沉痛地点了点头，然后说：'我刚才反思了一下，那些狼真狡猾，我们第一次去河边的时候他们就盯上了，之所以不进攻，就是让我放松警惕，等着小羊们长肥的时候下手啊。我决定，今后每年的这一天都是羊族的反思日。所有的羊在这一天面壁思过，只吃干草、喝清水，提醒自己不要再犯今天的错误。'"

说到这里，慢羊羊村长看了看小羊们说："虽然我们羊村有了铁门，但灰太狼还是时常来骚扰，就是因为我们有些小羊警惕性不高，放松懈怠啊！"

"村长，我们知道了，我们一定好好反思，过好反思日。"说完，小羊们规规矩矩地坐到椅子上反省了。

听妈妈的话

反省可以避免犯错。宝宝没有错误了，妈妈就不会批评宝宝了。所以，宝宝要经常反省：有没有做错什么？该怎样避免犯错呢？希望宝宝再也不给妈妈批评宝宝的机会了。

3.让同情帮助孩子学会爱

为什么要同情弱者？人类与自然搏斗了数万年才明白，弱肉强食只能让强者自己面对困难，而困难却往往不分大小地合力对付强者。只有通过互相帮助，人人都成为强者，才能对付无穷无尽的困难。有同情心就能获得帮助，有同情心就知道该怎样爱别人，有同情心就能明白自己活得有多幸运，明白自己该倍加珍惜自己的生活。

在培养孩子同情心上，中国的家长普遍做得不好。比如说，孩子摔倒了，哭了，有的家长会用手拍地面，说："让你摔我们家宝宝，看我打不打你。"孩子的疼得到了报复性质的补偿，心里一舒服，就不哭了。

这种让孩子不哭的副作用就是，孩子会认为让自己不舒服的就要被不舒服，这就失去了基本的分辨是非的思考角度。与此相对的，有的家长则说："你疼了，地面是不是也被你磕疼了，我们给它揉一揉好不好？"一个连地面都会同情的孩子，也一定会同情自己的同类。

父母是孩子最早模仿的对象，孩子同情心的发展最需要父母的言传身教，所以父母一定要提高自身的修养和素质，为孩子树立良好的榜样。

让孩子在故事中理解他人的感受。3~7岁的孩子随着认知能力的发展，开始能够理解他人的情绪、情感。一个6岁的孩子，已经能够使用自己所掌握的词汇来描述情感与情绪。所以，**当给孩子讲生动的童话故事时，我们不妨和他多交流一些情感方面的内容**。例如《白雪公主》中的皇后为什么会嫉妒白雪公主等，通过这样的提问和引导，孩子便学会了思考，并学会理解他人的感受。

引导孩子去同情、关心小朋友。有时,周围邻居的小孩不小心碰疼了,孩子见状却哈哈大笑。**家长不要责怪孩子"幸灾乐祸"**。孩子是被邻居小孩突如其来的表情动作惹笑的。遇到这种情况,家长应当赶紧说:"哎哟,某某小朋友碰疼了,真可怜啊!上回你不当心撞在桌角上不是也很疼吗?"孩子联想到自己的痛苦经验,会止住笑的。家长可以建议孩子去关心那个碰疼的小朋友,问问他还疼不疼。如果邻居小孩跌倒了,可以和孩子一起去把他扶起来。经过几次类似的行动之后,孩子一般对小朋友的苦痛会比较同情、关心了。

让孩子进行"角色置换"。"角色置换"就是**让孩子去感受别人的悲欢苦愁。就是让孩子设想自己就是那位不幸者,体验不幸者所具有的感受**。例如,当孩子把一个小朋友推倒在地,额部起了个青疙瘩,痛得大哭不止时,你就可以问孩子:"要是别人把你推倒,额上起个大疙瘩,你痛不痛?"这时,孩子只要一想象,自身就与不幸者"调换"了位置,心理上甚至生理上就会感到一阵疼痛。当孩子能深切地知道别人的身心感受时,他就容易产生把别人的不幸当成自己的不幸,并产生帮助其解脱不幸的愿望和行动。

亲子故事:灰太狼拔牙

灰太狼得了蛀牙,疼得满地打滚。喜羊羊出来割草,正好碰见了。虽然不知道发生了什么事,但喜羊羊还是转身就跑。

"别跑,善良的小羊,有同情心的小羊,聪明的小羊,伟大的小羊,帮帮我吧!求求你了。"灰太狼跪在地上向着喜羊羊哀嚎。

"你怎么了?"喜羊羊奇怪地问,看到灰太狼这样,他知道这只狼已经没有力气抓羊了。

"我牙疼,那颗可恨的蛀牙已经折腾我两天了。哎哟,喜羊羊,你聪明,帮我把牙拔了吧。"

"你不吃我了？"

"不吃，只要你帮我把牙拔掉，我就不吃你，还写表扬信。"

"好吧。"喜羊羊转了转眼珠，想出了办法。他先在蛀牙上拴了一根细绳，绳子的另一端系在树上，然后递给灰太狼一根火柴，"把这包药点着，你一闻到药燃烧后的香味，牙就掉了。"

"哦！"灰太狼划着火柴，点着了药包。

"轰！"药包爆炸了，原来，那是个小炸药包。灰太狼吓得蹦起三米高，蛀牙也被绳子拔掉了。

听妈妈的话

宝宝你知道吗？有一个比做游戏还快乐的方法，那就是帮助别人。当你帮助别人摆脱了困难，你就会得到快乐。这种快乐是发自内心的快乐，比玩游戏快乐一万倍呢！尽心尽力地去帮助别人吧。

4.用等待培养耐心

诸葛亮借东风的故事，几乎每个中国人都知道。相比较来说，诸葛亮比周瑜更有耐心，在万事俱备，只欠东风的时候，周瑜急得重病不起，而诸葛亮却耐心地观测天象，得出三日内必有东风的重要结论。之后，登坛"借"来东风，让周瑜惊讶不已。

在实际生活中，在万事俱备的情况下功亏一篑的人们，往往是因为失去了耐心。耐心是临门一脚时必备的素质。要想孩子在未来社会中出人头地，就必须让孩子有足够的耐心。

忍住一时的需要，等待最好的结果。这对所有的家长来说，都是个艰难的考验。出于对孩子的爱，我们总是希望在第一时间满足孩子的要求，甚至为孩子还没有想到的要求做好准备。这不利于培养出孩子的耐心—— 一个总是立刻就得到满足的孩子，是不会有等待的习惯的。但耐心又是孩子未来不可或缺的，所以，家长要"狠下心"来，磨炼出孩子的耐心。那么，该怎样培养出孩子坚韧耐心的品德呢？

第一，家长**态度要坚决**。

很多孩子没有耐心，是因为家长对孩子做事的要求往往也是虎头蛇尾。做任何事都要有始有终，特别是要求孩子做的事，更是如此，不能养成孩子半途而废的行为习惯。说好了画好画才能看电视，就一定要执行，否则，只要有一次不能坚持，孩子就知道了：原来我哭一下闹一下或者向爷爷奶奶求救一下，就可以马虎过去，那以后就别想让孩子坚持了。

第二，家长要**让孩子明白等待的意义**。对孩子的要求家长不能一下子就满足,可以故意拖延一些时间,让孩子学会等待。

荣荣通常总是迫不及待地想得到东西,如看动画片、切开刚买回的西瓜或是再讲一个故事等。这时荣荣妈妈都会告诉她,她可以得到,但需要等一会儿。给荣荣时间用来体会和比较,让她明白 "等待" 是一种什么感受,这段时间里可以为孩子唱个短小的歌曲或是从 1 数到 10。这样孩子就能了解 "等待" 只是一小段时间。

这个方法对培养孩子耐心很实用。培养孩子耐心,就得尝试向孩子解释,让他明白应该等待多长时间,然后不要理睬孩子将有可能对你的打扰。不过,对于学龄前的孩子不要一下就让他等 5 分钟。刚开始时可先等 1 分钟,然后再增加到 3 分钟,一般在家里训练,效果会比较好。

当孩子做到了,妈妈应该这样表扬他:"你真有耐心,能在妈妈说话的时候自己玩。" 如果孩子不能乖乖听话,那么接下来的 1 分钟可以不理会他,并且向他说明为什么。这样做,需要家长硬下心肠,不然训练将会前功尽弃。

第三,让孩子学会等待。**等待不是空等,而是为成功做准备。**在日常生活中,任何小事情都可以用来培养孩子的耐心。例如,洗碗、擦桌子、收拾房间等。刚开始,孩子会漫不经心地边做边想玩,这时家长可以站在一边督促孩子,让孩子用心地去做,直到他把碗洗干净、饭桌擦干净、房间收拾整洁。要让孩子明白,任何事情都要耐心完成。

在经历过小事的锻炼后,家长应该再有意识地给孩子设置点障碍,为孩子提供一些克服困难的机会。因为耐心是坚强意志磨炼出来的,越是在困难的环境中,越能锻炼孩子的耐心。这时,家长要**鼓励孩子做事不半途而废。孩子经过努力完成一件事时,家长应当及时给予表扬,强化孩子耐心做事的好习惯。**

第四,帮助孩子树立克服困难的信心。等待是枯燥的,又是让人急躁的。倘若等待之中有希望,有进步,人就会觉得等待是值得的。所以,

如果孩子在解决困难的过程中,被什么问题卡住了,家长就要帮助孩子解决问题,但不要包办。每战胜一个困难就鼓励孩子,和他击掌,为他喝彩,动作可以夸张一些,语言也可以夸大一些。让孩子有动力、有信心做下去。

我们做家长的,只要在平时多注意观察孩子,及时地提醒孩子,采用一些技巧培养孩子,那么,我们的孩子就能够做事情有始有终,从小养成良好的生活习惯。

亲子故事:钓鱼冠军

灿烂的阳光洒满操场,一阵阵欢笑飞上蓝天。钓鱼大赛的最后评比正在这里举行。

谁钓鱼钓得最多呢? 是喜羊羊。喜羊羊的主意最多,他挑了个安静的地方,挑鱼儿吃饭的时候下钩,所以他钓得最多。鱼篮里都是活蹦乱跳的小鱼。

谁钓得最少呢? 是沸羊羊。沸羊羊是个急性子,钓鱼时总是不停地收钩,没有安静的时候。最后,一条小鱼不小心撞到了他的鱼钩上,沸羊羊才算有收获。看到喜羊羊的鱼篮,沸羊羊不好意思地把自己的鱼篮藏到了身后。

评比就要开始了,慢羊羊村长刚要宣布成绩,暖羊羊说:"懒羊羊还没来呢。"

美羊羊说:"不用等了吧,这么安静的钓鱼比赛,只怕他已经睡着了吧。"

慢羊羊村长正犹豫,懒羊羊提着自己的鱼篮来了。

沸羊羊高兴了:"哈哈,我总算没有垫底,还有个'得零蛋'的呢!懒羊羊,你的鱼呢? 一条也没钓到吧!"

"累死我啦!"懒羊羊吃力地把鱼篮放到了评比台上,小羊们立刻发出惊叹的声音。

"好大的一条鱼啊,比半个懒羊羊都大。"暖羊羊说,"有十几斤吧。"

"啊!懒羊羊,你真厉害,你是怎么钓到的啊。"沸羊羊惊讶地问。

"嘿嘿,我把鱼竿拴在腿上,然后就睡觉了。睡得正香的时候,这条大鱼上钩了,拽着鱼竿往河深处跑。我是费了好大的劲才把鱼拽上来的。"

"懒羊羊,你的运气太好了。"沸羊羊羡慕地说。

"不是运气",慢羊羊村长推了推眼镜说:"懒羊羊睡着了,无形中成了最有耐心的选手。所以,他成为成绩最好的羊。我宣布,懒羊羊是本届钓鱼大赛的冠军。"

听妈妈的话

这个故事告诉我们什么呢?有耐心,才能钓到大鱼。还记得小猫钓鱼的故事吗?小猫可是一条也没有钓到哦。宝宝在做事情的时候,要有耐心,这样才能做到最好。什么是耐心呢?就是不着急,把事情的每一步都做好,而且从开始到最后一直这样。你能做到有耐心吗?

184

5.培养孩子勇敢的心

　　恐惧是天生的,勇敢却是后天培养出来的。所以,如果你的孩子表现得胆小的话,不要指责他,他还没学会怎么勇敢呢。

　　要想克服恐惧,我们首先要知道恐惧从哪里来。恐惧源于无知,所有的恐惧都来自于我们的不了解,从而在内心里把那些原本不值得恐惧的东西与恐惧联系起来。而人类恐惧的根源在于对生存的渴望,任何让我们感到危险的东西都会让我们感到恐惧。

　　孩子的心是纯洁的,或者说更接近于人类最原始的心灵。对那些不知道、不了解的东西,孩子都会本能地把它们和恐惧联系起来,因为这样更符合人类的天性。这就给我们提供了一个帮助孩子战胜恐惧的方法——学习。

　　乐乐从小就怕虫子,无论是蚂蚁还是毛毛虫。妈妈认识到这个性格缺陷会让孩子在自然面前缩手缩脚。妈妈想了个办法,她用手指模仿虫子走路的样子不断靠近乐乐。开始时乐乐非常害怕,吓得直往墙角躲。妈妈告诉乐乐,你踩它一脚就不动了。乐乐还是不敢踩,妈妈就把手掌摊平,让乐乐踩,乐乐踩了一脚,妈妈又把手摆成虫子的样子向前爬,让乐乐再踩一脚。乐乐踩了一脚就跳开了,妈妈的手就不动了。妈妈说:"虫子被踩死喽,再也不能吓唬乐乐喽。"

　　在随后的几天里,妈妈和乐乐反复玩这个游戏,渐渐地,乐乐不再害怕妈妈的手指虫子了。于是,妈妈就带着乐乐看真正的虫子,还抱着乐乐踩死那些讨厌的臭虫。一开始乐乐缩着脚躲到妈妈怀里不敢踩,但

妈妈把乐乐的脚按到臭虫上。臭虫踩死了，不动了，乐乐看到臭虫真的不动了，就又上去踩了一脚……从此以后，乐乐再也不怕虫子了。

从手指模仿的虫子，到真正的虫子，**乐乐妈妈采取了循序渐进的教育方法，鼓励甚至强迫乐乐面对恐惧，并给孩子一个战胜恐惧的印象。**这样，孩子慢慢地就再也不怕虫子了。

相对于天生的恐惧，还有一种恐惧是后天学习到的。家庭里有些东西是有危险的，电、刀具、炉具、热水等，如果使用不正确，就会造成危害。有的家长为了让孩子远离危险，简单地告诉孩子这些东西不能碰，甚至编一些吓人的故事吓唬孩子。人总是乐于接受那些恐惧的东西的，何况是不明真相的孩子。如果家里到处都是让人感到害怕的东西，那么孩子能变得勇敢吗？

对于那些有危险的东西，与其让孩子因为害怕远离，还不如让孩子知道正确的使用方法，**驾驭它们远比远离它们更有益于培养孩子勇敢的心。**在教会孩子正确使用方法的过程中，家长除了注意安全，也一定要注意细节，热水瓶要两只手拿，一旦失手要迅速跳开……不要怕危险，如果家长都怕这怕那，我们还能指望孩子变得勇敢吗？人类正是在战胜危险的过程中成长为万物之灵的。

在克服恐惧的道路上，孩子不可避免地会被吓到。这时家长除了安慰孩子之外，还要鼓励孩子继续探索，努力消除孩子心中的恐惧，引导孩子正确地看待未知事物。

有时候，恐惧来自于我们先入为主的设想。在童年时，笔者曾经去一个鬼屋里探索。没进门之前，笔者就非常害怕，担心从哪个角落里突然钻出个非常吓人的东西。所以，一进门就瞪大了眼睛专门搜索吓人的东西。

没走几步，突然从头顶掉下个长长的东西，黑黑的，还瞪着一闪一闪的两只红眼睛。笔者当时吓得浑身冒汗，几乎动弹不得，紧盯着那个

东西,双腿直颤。借着昏暗的灯光,笔者发现那只不过是一只用弹簧吊着的塑料蛇。笔者又好笑又生气,禁不住挥拳狠狠打了一下塑料蛇。蛇头立刻被打得颤颤悠悠,笔者反倒被逗乐了。

这再次证明了"恐惧源于无知"的道理。

当孩子被吓到时,家长要告诉孩子那究竟是什么,引导孩子认识到究竟为什么害怕。如果可能的话,让孩子再次面对它,甚至摸一摸,体验那个恐怖东西的可爱的一面。如果孩子能破涕为笑,那么孩子就再也不会被这个东西吓到了。

家长既要注意不能无意识地给孩子设立害怕的对象,也要注意引导孩子克服恐惧。而且,家长要教孩子正确地认识这个世界,放手让孩子大胆地尝试,体验其中的乐趣。这样孩子就会变得勇敢起来。

亲子故事:不怕狼的羊

羊村里来了一批客人,是从遥远的蒙古草原来的黄羊。他们个个健壮如牛,头上长着利剑一样的羊角,嘴巴下面长着长长的胡须,四肢像铁棒一样结实,背上还有一大片黄毛,就像披了一件黄色斗篷。

在欢迎会上,沸羊羊问一只黄羊:"你们怕狼吗?"

"狼算什么!我们连老虎都不怕,狼要是来啦,我们就摆出羊圈阵,用羊角把狼打跑。"黄羊得意洋洋地说。

"你真勇敢。"沸羊羊竖起了大拇指,"我们这有一只可恶的灰太狼,总是来骚扰我们。你能帮我们把他赶跑吗?"

"……"黄羊犹豫了一下,"就算我们把他赶跑了,我们一离开,灰太狼还是会回来骚扰你们的。"黄羊捋着胡子说,"不如这样,我们把羊圈阵教给你们,这样你们就再也不用害怕灰太狼了。"

"太好啦!"听了这话,小羊们欢呼起来。

第二天,黄羊教小羊们羊圈阵。黄羊让小羊们脸朝外,低下头,羊角

向前,肩膀挨着肩膀地围成一个圈子,不留任何空隙,形成一个密不透风的墙,把慢羊羊、美羊羊和暖羊羊围在中间。黄羊还告诉小羊们如何利用羊圈阵发起冲锋,打败灰太狼:跑得最快的羊站在中间,力气最大的羊站最快的羊的旁边,最强壮的羊站在最后。

正当小羊们练习羊圈阵的时候,灰太狼领着十大恶狼来了。灰太狼觉得自己打不过聪明的小羊,就找来了帮手。黄羊一看狼来了,立刻就跑了——羊看到狼的第一反应,就是逃跑啊!

小羊们赶紧往羊村跑,但十大恶狼挡住了羊村铁门,小羊们只好向山上跑。慌乱之中,小羊们跑到了断崖边上。

"哈哈,看你们还往哪跑!"灰太狼得意地哈哈大笑。

"孩子们,不要怕,快摆成羊圈阵啊!"慢羊羊村长冷静下来,指挥小羊们抵抗狼群。

小羊们立刻摆成了羊圈阵。

"这是什么阵势?"青青草原上的狼没有见过羊圈阵,看到威风凛凛、密不透风的羊圈阵,灰太狼犹豫起来。一只狼说:"管它呢!哪有狼怕羊的,弟兄们,冲啊——"狼们嚎叫着冲了上去。狼群撞到羊圈阵,就像乒乓球撞到墙一样,纷纷被顶了回来。

"哎呦——"一只狼被沸羊羊用羊角顶了个大跟头,滚下了山崖。"啊——疼死我啦!"又一只狼被喜羊羊用羊角顶到了肚子,疼得满地打滚。所有的狼都害怕了,不敢向前。

"狼害怕了!"慢羊羊村长看清了形势,大声鼓励大家,"准备冲锋,目标,羊村。冲锋——".

一声令下,小羊们排着整齐的队形,像开闸的洪水一样,向狼群发起了凶猛的冲锋。

"这群羊疯了吧!"看到眼前难以置信的一幕,灰太狼惊讶地说。

"这是一群疯羊!灰太狼,你居然让我们进攻一群疯羊。回头我再和

你算账!"恶狼的首领恶狠狠地说,"弟兄们,想活命的快逃啊!"恶狼们转身就跑,一转眼就没有了。

"喂——你们太不讲义气啦。"灰太狼气得直跳。

"轰隆隆"小羊们像坦克一样冲了过来,羊角撞上了灰太狼,一下子就把灰太狼撞倒了,后面的小羊又用坚硬的羊蹄子狠狠地踢灰太狼,把他踢得哭爹喊娘。

小羊们跑回羊村了,灰太狼还趴在地上哀嚎着:"这群羊,真的疯了。呜呜……"灰太狼一想到自己竟然被羊打败了,就伤心地哭了。

听妈妈的话

羊是怕狼的,即使是身经百战的黄羊在看到狼的时候也吓跑了。但为什么后来小羊们不怕狼,还打败了灰太狼呢? 因为他们没有退路了,所以他们勇敢地面对狼群,利用刚刚学到的本领,打败了灰太狼。

人人都会害怕,但有时候,那些让我们害怕的东西并没有我们想象的那么可怕。开始时,羊怕狼,最后呢? 狼就怕羊啦。当你的勇气多于对手的勇气时,你的对手就会害怕你了。所以,只要你鼓起勇气,就没有什么能打败你了。

6.坚持战胜一切

时间能检验一切品德的质量。即使是人人交口称赞的美德如果不坚持,也会沦为摆设。困难是阻挡一切美德成长的巨石,美德如果没有强大到浸入骨髓,就会在困难面前弱不禁风,成为笑谈。

虽然我们努力教会孩子各种美德,提升孩子的心灵境界,但如果孩子不坚持,那么这些美德就会消失。成功与失败有时只有一张纸的距离,而人们往往因为没有坚持,与成功失之交臂。坚持是其他美德的集结号,它能把所有的美德集合在一起,发挥出"一加一大于二"的力量。

坚持源于渴望,所以家长要想培养孩子这方面的品质,就要**先给孩子一个足够"诱惑"的目标**。

甜甜想喝瓶装的可乐,但是她自己打不开瓶盖。她让爸爸帮忙打开。爸爸却笑着说:"你能打开,自己打开吧。"甜甜使出浑身的力气,小手都拧红了,还是打不开。她又让爸爸帮忙,爸爸接过可乐瓶子,一边说:"真的有那么紧吗?"一边偷偷地拧松了一点,又把瓶子递给甜甜,说:"我也打不开,你再试试。反正打不开你就不喝。"想到美味爽口的可乐,甜甜又去拧,但还是拧不开。爸爸说:"坚持一下,就要拧开啦!"甜甜使出更大的力气,终于把盖子拧了下来。这时,爸爸对甜甜说:"坚持就是胜利,看看,你胜利地喝到了可乐吧!"

有些孩子即使诱惑在前,也会半途而废。这时,家长不妨用些小手段,鼓励孩子继续坚持。当孩子认识到坚持卓有成效的时候,就会主动坚持了。

 190

坚持多数的时候会让人不舒服,所以孩子更倾向于不再坚持。**对于孩子的半途而废,家长要强迫孩子坚持下去。**

社区的公园里有一个成人玩的云梯,是那种用手臂吊着前进的健身设备。图图觉得很好玩,就让爸爸把他举到云梯上,然后用手抓着云梯向前走。爸爸说:"这是大人玩的,你能行吗?""行!""那你一定要坚持走完啊!""一定走完。"

爸爸帮图图挂到了云梯上,并用手托住孩子,以防他掉下来。图图吊着前进了两三个格子,就要下来。爸爸却说:"你自己说要走完的,一定要走完。"图图只好继续向前。走到一半,图图感觉手疼,就再次要求下来。爸爸坚决不同意,坚持让孩子走完。图图耍赖要撒手,爸爸干脆退了半步,让图图自己吊在那里。"你不走完,就吊着;只要你撒手,就会摔疼。反正我不帮你。"图图看到爸爸真的不帮忙,又害怕掉下去,只好继续向前。爸爸亦步亦趋地跟在后面保护。

图图终于走完了云梯,爸爸一把抱住图图,说:"你真行,坚持下来了。要知道,有些大人都走不完云梯呢!""真的?""是啊。你的坚持让爸爸都惊讶不已呢!""爸爸,再来一次吧!"图图兴奋地说。

除了痛苦,有时候坚持还很枯燥。这对于活泼爱热闹的孩子来说,是个巨大的考验。这时,家长一定要态度坚决,让孩子完成自己的任务。**在培养孩子坚持的品质的过程中,家长也在经历坚持的考验。只有家长坚持住了,孩子才能坚持下来。**

喜喜学画画,总也控制不好笔。老师建议让孩子描红,用一张半透明的纸蒙住简单的图画,让孩子沿着透过来的线条描画。喜喜开始时还有兴趣,但时间长了就变得不耐烦了。一会说纸太厚,一会说铅笔不好用,想尽办法不练习。爸爸什么也不说,只是让孩子继续练习。喜喜一看自己的把戏没有作用,只好继续画。从描得弯弯曲曲,到描得有模有样,一个月的练习,喜喜终于取得了进步。这时爸爸拿出最早的一张画对喜

喜说:"你看,经过一个月的坚持,你的画进步有多大。"看到了自己的进步,喜喜明白了坚持的意义,再次面对枯燥的练习时,也变得有耐心多了。

亲子故事:横渡大湖

沸羊羊曾创造了横渡大河的纪录,但他并不满足,决心横渡山顶湖,那是个比大河宽两倍的大湖。为了防止意外,喜羊羊划着小船跟在沸羊羊身后。

早上阳光明媚、微风拂面,沸羊羊游得可高兴了。可是到了中午的时候,天气突变,起了大雾,两只小羊只能靠大声说话保持联系。

游到一半的时候,沸羊羊感觉有些累了,问喜羊羊:"我们游了多远啦?""刚过一半,坚持住啊沸羊羊!""嗯,我一定能坚持住的。"沸羊羊改成了仰泳的姿势游,这样能省些力气。

还剩三分之一的路程了,沸羊羊累得快抬不动胳膊了。沸羊羊又问喜羊羊:"还有多远啊?""还剩三分之一啦!加油啊!""啊?还有那么远啊。喜羊羊,把船划过来,我要休息一下。""不行啊,这样你就不能打破连续游泳的纪录了。""我太累了,快游不动啦。""你先游吧,我到前面探探路。"喜羊羊说完,就再也没有声音了。

"喜羊羊,喜羊羊——"沸羊羊大喊,想让喜羊羊回来,但始终没有回音。"该死的喜羊羊,真不够朋友,这么艰难的时候,他居然自己跑啦。"沸羊羊心里想。没有了依靠,沸羊羊只好放弃休息的念头,继续向前游。

他越游越慢,累得腿都快动不了啦,好几次差点沉到水里,还呛了好几口水。"我可能会淹死吧!"一想到这个,沸羊羊就后悔自己的决定,更加恨喜羊羊抛弃了他。突然,喜羊羊的声音再次响起:"沸羊羊,快游啊,只剩五十米啦!"

"喜羊羊，你这个……坏蛋，你把我……扔下了，我差点被淹……死！"沸羊羊气喘吁吁地说，一不小心，又呛了一口水。

"那你就上来打我呀！嘿嘿……"

沸羊羊生气了，使出最后的力气努力向前游。终于，他抓住了湖边的树枝，往上爬。他太累了，手几乎抓不住树枝了，一个没抓住就往水里掉。突然，一只手抓住了沸羊羊，把他拉了上来。沸羊羊透过迷雾一看，是喜羊羊正向他笑呢："恭喜你呀沸羊羊，你坚持到了最后，创造了新的纪录。"

沸羊羊喘了喘气，想到自己差一点中途放弃，就不好意思地说："我要感谢你帮我坚持到了最后。对不起，我还骂你来着。"

"没关系，我们是好朋友啊！"喜羊羊笑眯眯地说。

听妈妈的话

坚持就是胜利。有时候，克服困难没有什么好方法，只是不停地做，继续向前。就像宝宝生病了吃药一样，生病多难受啊，吃药多苦啊！但宝宝坚持吃，疾病就被赶跑了，药也不用再吃了。

7. 感谢生活

感恩的人是幸福的人,他们总是感到自己是被别人眷顾的,所以他们心里总是洒满爱的阳光。感恩的人是受欢迎的人,因为他们的感恩总是让别人感到成就非凡。感恩的人总是幸运的,因为他们的感恩总是让人们不吝于给予他们机会。

无论是从利我还是从利他的角度看,感恩都是双赢的。感恩让我们学会从对方的角度看问题,从而把事情处理得公正无私;感恩让我们学会换个角度看问题,让我们始终以乐观的心情看待问题,从而把问题解决得圆满完美,相关的人皆大欢喜。感恩是交往的哲学,是所有交际方法的最高境界。而要达到这个境界却非常简单,只要你学会这样思考:我们为这个世界生活,而不是世界为我们存在。

虽然在上一章说了那么多的"重要",但只要有一颗感恩的心,交往时,人自然就会做到礼貌、倾听、分享……因为这是发自内心的真诚与智慧。

对于孩子来说,学习感恩,要首先从感谢父母学起。

父母的爱遮蔽了孩子眼中那些生活里的艰难细节,所以,孩子并不知道父母的辛苦,既然不知道,当然也就谈不上理解,更说不上感恩了。**为了让孩子学会感恩,父母不妨让孩子体会自己的艰难**。比如说,为了让孩子体会到妈妈生产的辛苦,让孩子背一天的枕头;为了让孩子体会到挣钱的辛苦,让孩子看到自己加班时的样子;做游戏时,让孩子多输几次,并告诉孩子,爸爸妈妈在工作生活中也会输,而且输得比这还要

厉害……还可以和孩子分享自己的情绪，工作中的事情，让孩子深刻体验到生活中的实际问题。

不要觉得难堪，不要认为这很残酷，只有让孩子认识到了幸福来得并不容易，孩子才能用感恩的心珍惜拥有的一切。

还要让孩子学会感恩身边的人。告诉孩子，老师是教给你赢得胜利方法的人，还是教给你如何走出失败的人，我们要感谢老师的教导，是他让我们生活得更美好。教育孩子感谢老师，要从小事做起，如帮助老师擦黑板，给老师倒茶，学好功课，以优秀的成绩报答老师的教诲。

让孩子明白，朋友是困境中的柱子，顺境时的镜子，帮助我们渡过难关，提醒我们正确看待自己，是他们让我们的生活充满前进的力量。感谢朋友就要做到诚实守信、公正关爱、投之以桃报之以李。

让孩子知道，对所有接触到的人都要怀着一颗感恩的心，是他们让自己的生活丰富多彩，让自己的明天充满希望。

最后，**要让孩子感谢生活**。幸福的生活让我们快乐，苦难的生活让我们坚强，平静的生活让我们思考。任何事情都有值得感恩的地方，我们因为感恩而存在。让孩子以一颗充满爱的感恩的心面对世界，他就会变得无比幸福、无比坚强。

亲子故事：感恩大赛

感恩节到了，小羊们高高兴兴地挥舞着彩带，跳着欢乐的舞蹈，庆祝这个节日。欢乐的表演结束后，慢羊羊村长站到礼堂的舞台上，向小羊们发表感恩节讲话："小羊们，一年一度的感恩节到了。在今天，我们要向往年一样举行感恩大赛。我们每个人都要说出一个自己要感谢的对象，无论是羊、兔子、大象，只要是我们身边的东西，我们都可以拿来作为感谢的对象。谁讲得最好，谁就可以获得今年的感恩节大奖，一大筐新鲜的水果。在比赛开始之前，我先讲一讲感恩节的由来……"

"村长，我们都知道啦。还是开始比赛吧——"懒羊羊大声说，一想到一大筐新鲜的水果，懒羊羊就口水直流，只想着快点开始比赛。

"是啊，村长，快点开始比赛吧！"小羊们纷纷应和懒羊羊的话。

"……嗯，那好吧。我宣布，感恩大赛开始。"说完，慢羊羊村长走下舞台，坐到评判席上听讲。

"我要感谢班长，"美羊羊第一个说，"感谢她帮助我复习功课，让我即使生病了也没有耽误学习。"说完，美羊羊向暖羊羊鞠了个躬。

"这没什么。呵呵。"暖羊羊憨厚地笑着说。

"我要感谢灰太狼！"喜羊羊的一句话让全体小羊吃了一惊。沸羊羊急切地问："为什么要感谢那个坏蛋啊？"

"我要感谢他，如果没有他，我就不会跑得那么快啦。"喜羊羊笑嘻嘻地说。

"我要感谢懒羊羊。"沸羊羊坏笑着说。

"啊？你感谢我干什么？"懒羊羊一脸不解地问。

"要是没有你，我的期末成绩就是倒数第一啦。呵呵……"沸羊羊说完，向懒羊羊做了鬼脸。

"讨厌！"懒羊羊一扭脸，不理沸羊羊。

一只只的小羊上台演讲，有的说感谢村长的教育，有的说感谢沸羊羊的热心……听得慢羊羊村长热泪盈眶："小羊们终于长大了，知道感恩了。"

懒羊羊上场了，他转了小眼睛，说："我要感谢空气，有了空气，我才能呼吸；我要感谢大地，有了长在大地上的青草，我才能吃饱；我要感谢太阳，只有当太阳落山了，我才能睡个好觉……"懒羊羊不停地说，说了好久也没说完。

沸羊羊不耐烦了："懒羊羊，你有完没完啊！你感谢的怎么都不是活的啊？"

196

听到这里，慢羊羊村长说话了："同学们，我认为懒羊羊说得最好。他是真心地感谢生活啊！他感谢所有默默帮助我们却又从来不让我们知道的对象，只有真正的感恩才能发现这些沉默的恩人啊！"

会场里沉静了一会儿后，爆发出热烈的掌声。在掌声中，懒羊羊兴高采烈地接过了一大筐新鲜水果，高兴地说："我还要感谢你们大家，让我赢了这筐水果呢！"

听妈妈的话

当你用一颗感恩的心去看这个世界时，你就会发现自己真的很幸福：爸爸妈妈照顾着你，老师阿姨教育着你，太阳暖暖地照耀着你，小鸟也快乐地为你歌唱。我们真的要感谢这个世界，它让我们有机会高兴，有机会玩耍，即使它有时候让我们不舒服，但我们不也是因为不舒服变得更强壮吗？宝宝想一想，我们还有什么理由不去好好生活呢？

8.美的教育

对于美,每个人的认识都不一样,大致上有一个相同点:镜子中的自己并不难看。实际上,美是人们心中自己的透射,你怎么认为好,就怎么认为美。孩子有孩子天真之美,大人有大人的成熟之美,如果错位就会出笑话,甚至让人作呕。

现在的某些时尚秀节目,让一些小孩子扮成小大人,模仿成人唱摇滚,抛媚眼,孩子玩得高兴,成人看得开心。殊不知,这种开孩子的玩笑让大人开心的做法,会让孩子过早地失去天真,进而限制了视野,加在家长身上的结果,就是提前给孩子定位,但究竟未来会怎样,就要看运气了。

对孩子的爱美,妈妈们会有两种态度:一种认为孩子爱漂亮了以后就不会专心读书,于是把孩子心爱的装饰品统统丢到垃圾筒,并喝令孩子以后不许讲漂亮,强制性地把孩子爱美之心扼杀在摇篮之中;另一种则认为现在开放了,生活条件好了,孩子就应该从小看重仪表,打扮得漂亮一些,免得被人看不起。作为妈妈,当你的孩子懂得打扮自己的时候,你会用什么态度去对待他们呢?

对于孩子的爱美之心,妈妈首先要理解孩子。**不要对孩子的爱美行为横加阻止,也不能对孩子的奇装异服放任自流**。正确的做法是积极引导孩子,要告诉孩子青春期是长身体的关键时期,所以穿着不但要美观,还要有利于身体的正常发育。比如当女孩子知道爱美后,发现自己的身材与电视上的明星相差甚远,要减肥,妈妈就要正确引导。无论从

孩子的身心健康方面还是经济方面考虑，妈妈都不能迎合孩子的一切需求，不加考虑地一概予以满足。

教孩子理解"美"的含义。孩子开始爱美时，往往只注意自己的外表美。其实美包括很多方面，有生活之美、自然之美、艺术之美等。妈妈**可以用通俗的小故事，小典故来教育孩子，使孩子知道什么是美的仪表、行为、品德；同时联系实际地告诉孩子一些审美常识**。例如，根据孩子的体形和皮肤，告诉孩子合适穿什么样的衣服；根据孩子的年龄，剪什么发型合适；朗诵的时候什么样的站姿精神；在公共场所应该是怎样的言谈举止……在进行这类教育时，不要忽视了孩子对灵魂之美、思想之美的认知。

对于孩子的服装，妈妈要多注意。日渐蔓延的孩子"成人化"现象对孩子的心理和身体成长都有不利的影响。过于成人化的服装，特别是紧身牛仔裤，会导致女孩子外阴发炎、外阴瘙痒，紧身裤的反复摩擦还会引起孩子手淫的不正常行为。同时，一些成人化的孩子服装由于装饰过多，存在安全隐患。因此，**在服装选择上，妈妈应尽量为孩子购买简洁、大方的服装，方便孩子游戏和运动，不要太成人化**。

在家里，妈妈和爸爸要给孩子创造良好的成长空间。为了孩子健康快乐地成长，一定要积极引导和教育孩子，让他从小树立正确的审美观，避免盲目攀比的不健康心理，同时还要杜绝孩子受不良环境的影响，尽量给孩子创造一个健康良好的生活空间和环境。

亲子故事：怪物美羊羊

扁嘴仑的演唱会刚刚结束，羊村里就掀起了一股时尚潮。最先动作起来的是美羊羊，她学着舞蹈演员的样子穿上了紧身裤，眼影抹得又黑又重，还把羊角涂抹得花花绿绿的。这样子把沸羊羊吓坏了："你怎么了美羊羊，昨晚没睡好吗？"

“羊角这么鲜艳，很容易被灰太狼发现的。”沸羊羊也说。

懒羊羊看见了，吓得大叫：“怪物啊——”连滚带爬地跑开了。

“哼！你们根本不懂什么是美，这才是最时髦的打扮。”美羊羊生气地说，“喜羊羊，你最聪明，你觉得这样不新潮吗？”

“嗯……新潮倒是新潮，就是不像羊了，反倒像只熊猫了，呵呵。”

“美羊羊，咱们小羊不是这样美的。”暖羊羊和蔼地说。

“嗯……”美羊羊沉默了。

慢羊羊村长看到了，若有所思，推了推鼻梁上的眼镜，慢条斯理地说：“适合自己的才是美丽的，孩子有孩子的美，如果孩子打扮成大人的样子，就变成怪物了。还是健康最美啊！”

听妈妈的话

漂亮的美羊羊为什么会变成怪物呢？因为她把自己打扮成了大人的样子啦。什么是最美的呢？只有那些最适合自己的，才是最美的。所以，不要看别的小朋友怎么打扮，你要按照自己的特点去装饰自己。最重要的是，外表的美并不是真的美，内在的美才是魅力无穷的。

9.谦虚第一,才华第二

　　谦受益,满招损。谦虚的人高看别人,别人就愿意施以援手;自满的人高看自己,自己就把别人的援助看成了轻蔑。主动接受帮助和主动拒绝帮助,决定了与成功的距离。自古恃才自傲者多因孤芳自赏而郁郁寡欢,而才华横溢而又谦虚礼让的人却多助多欢。项羽因狂傲得而复失,刘邦因礼让失而复得。即使那些才华一般的人,也会因为谦虚礼让而成就一番事业。三国时的刘备才华不及群雄,却因为礼贤下士而得西川,占据三分之一天下。

　　当孩子在家长的努力教育下终于有所成就时,家长千万不可松劲,还有最重要的一堂课,一定要教授给孩子,那就是谦虚。

　　谦虚是一种自知不足的态度。**在孩子没有真正了解自己之前,家长不妨让孩子了解他最擅长领域里的最高水平,让孩子知道自己的差距。**在家庭生活中,一般来说,爸爸是孩子的偶像,也是孩子所能看到的"最高水平"。爸爸不妨经常和孩子比赛,比运动、比表达、比耐力……对孩子感到骄傲的地方,爸爸要在不伤害孩子自信心的前提下实施打压——让他看到不足,也让他知道如何克服不足,从而迎头赶上。当爸爸不足以为表率时,就要创造条件,让孩子看到最高水平,从电视、网络上为孩子寻找资料,证明孩子有差距,但仍能赶上。

　　有了这个"物质基础",孩子就能从根本上认识到自己的不足了,从而变得谦虚起来。

　　谦虚是自我关爱的习惯。在认识到自己的不足之后,谦虚的人会主动学习,主动练习,以弥补自己的不足;在自己不能解决问题时,会虚心求教。这些,都来自于关心自己成长的动力。**孩子有时候并不知道自己做错了,或者做得不好。这时,家长要告诉孩子怎么做才是正确的,怎么做才好,并帮助孩子体验进步的乐趣**。有了切身体验,孩子才能学会如何关爱自己,才能在面对自己的不足时有克服不足的动力。

在培养孩子谦虚品质的过程中,家长要**防止孩子走向自卑的极端**。家长既要让孩子看到最高水平,也要让孩子认识到自己目前以及短期内能达到的水平。告诉孩子,达到最高水平不是一朝一夕的事情,而是长期努力的结果,防止孩子因为急躁而放弃追求,并因此产生自卑。这一点可以通过**制订成长计划**来实现。

家长要与孩子共同制订成长计划。不要拘泥于形式,但目标要合理,要明确:大目标是什么,小目标是什么,目标之间的关系如何,如何实现目标等。每实现一个目标,就告诉孩子"你离最高水平又近了一步!"并给予奖励。这种看得见摸得着的进步,能有效地保持孩子谦虚谨慎的态度,并远离自卑的边缘。

亲子故事:灰太狼的跑鞋

喜羊羊又一次捉弄了灰太狼,把灰太狼推进了河里。喜羊羊对着河里的灰太狼竖起小指头说:"灰太狼,你永远也抓不到我的。呵呵……"

灰太狼恶狠狠地说:"喜羊羊,你别得意,我灰太狼大王一定会回来的。我要……"话没说完,一个浪头把灰太狼卷走了。

喜羊羊回到羊村,受到了英雄一般的欢迎。一只小羊说:"喜羊羊,你真厉害,又把灰太狼打败了!"另一只小羊说:"我们崇拜你!"……小羊们七嘴八舌地恭维喜羊羊。

懒羊羊却说:"喜羊羊,你要小心啊!跟狼斗是很危险的,你不会总是运气那么好的!"

"运气？"喜羊羊一听就不高兴了，"打败灰太狼，我凭的是速度和头脑，才不是靠运气呢！"说完，气鼓鼓地走了。

慢羊羊村长看到了这一切，担心地说："喜羊羊骄傲了，这很危险啊。"他想了一会儿，招呼身边的小羊到实验室开会。

第二天，喜羊羊又去捉弄灰太狼。他把石头"嗖"地扔进狼堡的窗户，还听见石头"砰"地砸碎了什么东西。然后立刻做好起跑的姿势，等着灰太狼来报复。可是等了半天也没动静。

"难道灰太狼不在家？"喜羊羊心里琢磨。

就在他探着身子向狼堡方向看的时候，身边的树丛突然"哗"地分开了，灰太狼猛地跳了出来，一把抓住了喜羊羊。

喜羊羊惊讶地问："你怎么会在这里啊？"

"我就知道你会来。本大王等候你多时啦。可恶的喜羊羊，我终于抓到你啦，哈哈……"灰太狼高兴地大笑起来。

"包包大人，灰太狼欺负小羊啦……"喜羊羊突然喊起来。

灰太狼急忙回头看，喜羊羊趁势甩掉灰太狼的爪子，跳起来就跑。

灰太狼发现上当了，反而不着急，笑着说："跑吧，看本大王怎么抓到你！"说完，掏出一双跑鞋穿上，看到喜羊羊跑得差不多了，就按下了跑鞋上的按钮。立刻，跑鞋的鞋跟就喷出火焰——这是一双火箭跑鞋！

很快，灰太狼就追上了喜羊羊。灰太狼不急于抓喜羊羊，而是在喜羊羊前后左右转圈。他得意地说："你倒是跑啊！喜羊羊，有了这双火箭跑鞋，你就再也别想逃出我的手掌心了。啊哈哈哈——"

就在灰太狼得意的时候，一张大网从天而降，一下子就把灰太狼给网住了。灰太狼"哎哟"一声，立刻像个皮球一样骨碌碌地滚了出去，"扑通"一声，再次掉到河里。

喜羊羊累得气喘吁吁，费力地抬头一看，村长和懒羊羊他们正在树丛里笑呢。慢羊羊村长走到喜羊羊身边说："多危险啊！再有100米就到

河边了，那你就真的无处可逃啦！"

喜羊羊懊悔地说："村长，是我太骄傲了！"

听妈妈的话

想一想，为什么喜羊羊差一点被灰太狼抓住？为什么灰太狼有了火箭跑鞋也没抓住喜羊羊？如果不是慢羊羊村长及时救了喜羊羊，喜羊羊就会因为自己的骄傲失去性命。如果宝宝有了一个非常厉害的本领，宝宝也千万不要骄傲哦。

参考书目

张鹏.培养孩子成长的 21 个关键.北京:时事出版社,2007 年版.

崔华芳.天才少年的 48 种特质.北京:北京工业大学出版社,2006 年版.

唐伟红.影响孩子一生的 36 种好习惯.北京:北京工业大学出版社, 2009 年版.

李子勋.陪孩子长大.北京:中国广播电视出版社,2006 年版.